KB060529

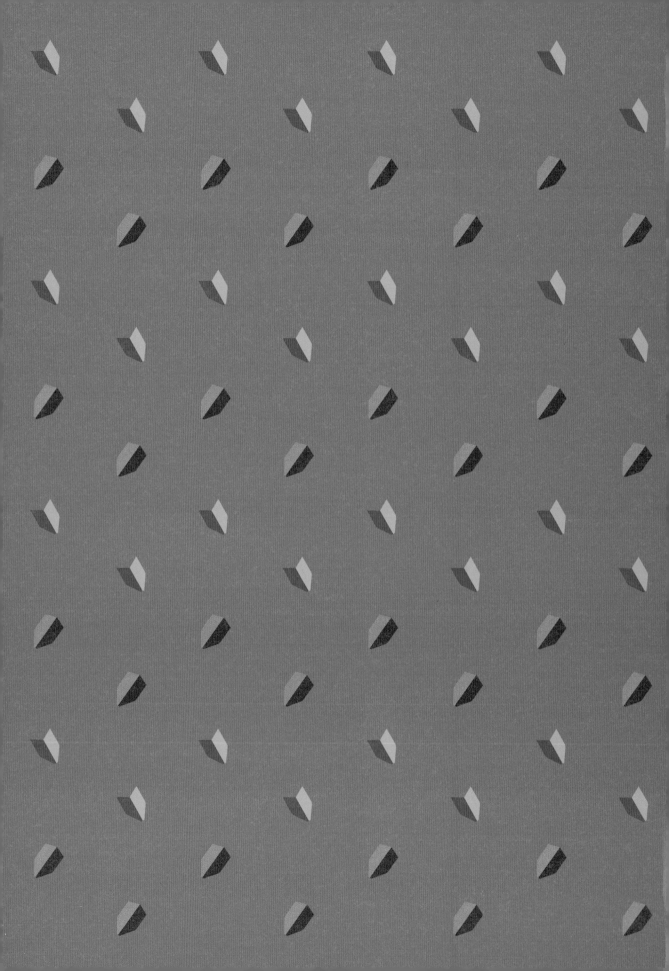

# DARTS
다트 교과서

**도움 주신 분들**

—

**기획** 유춘희(대한다트협회 홍보분과)
**감수** 고준, 이진욱, 박수범(PERFECT 프로 플레이어)
**레슨 모델** 고준(Phoenix Stars, MONSTER), 김아름(Dynasty), 금단비(연기자, 모델)
**디자인** 김지영(디자인 플로우)
**일러스트** 최예림(ong._rim)
**사진** 신기환(Mani 스튜디오)
**다트 머신 협찬** 피닉스다트

# 다트 교과서
사진과 도해로 보는 다트 던지는 법·게임 룰·매너·멘탈 강화

1판 1쇄 펴낸 날 2019년 5월 20일

지은이 | 이다원
주　간 | 안정희
편　집 | 윤대호, 김리라, 채선희, 이승미, 윤성하
디자인 | 김수혜, 이가영
마케팅 | 권태환, 함정윤

펴낸이 | 박윤태
펴낸곳 | 보누스
등　록 | 2001년 8월 17일 제313-2002-179호
주　소 | 서울시 마포구 동교로12안길 31
전　화 | 02-333-3114
팩　스 | 02-3143-3254
E-mail | bonus@bonusbook.co.kr

ISBN 978-89-6494-381-6  13690

• 책값은 뒤표지에 있습니다.
• 이 도서의 국립중앙도서관 출판예정도서목록(CIP)은 서지정보유통지원시스템 홈페이지(http://seoji.nl.go.kr)와
　국가자료공동목록시스템(http://www.nl.go.kr/kolisnet)에서 이용하실 수 있습니다.(CIP제어번호: CIP2019015750)

# DARTS
# 다트 교과서

사진과 도해로 보는
다트 던지는 법 · 게임 룰 · 매너 · 멘탈 강화

이다원 지음

보누스

'다트'를 이야기하면 옛날 주택복권 추첨에서 보던 화살 꽂힌 원판을 생각하는 사람이 있습니다. 갖가지 경품을 써넣은 원판을 돌려 당첨자를 뽑는 것도 다트라고 부릅니다. 하지만 다트를 뽑기판으로만 오해하면 안 됩니다. 다트(Darts)는 스포츠의 한 종목입니다.

다트가 스포츠라고? 갸우뚱하는 사람이 있을 겁니다. 게임 하는 구역도 좁고 몸 움직임이 작지 않냐고 합니다. 땀의 양으로 스포츠를 규정하던 시대는 지났습니다. 다트는 스포츠의 기본 요건인 경쟁 구도가 있고 스코어를 통해 승패를 가르는 명확한 룰이 있습니다. 고도의 집중력을 유지해야 하고, 이기기 위해서는 세심한 전략이 필요한 멘탈 스포츠입니다.

그래도 의심의 눈초리를 거두지 않는 분들은 다트의 우연성을 지목합니다. 모든 스포츠에는 운이 작용하지만, 다트는 우연이 지배하지는 않습니다. 사격이나 양궁과 같습니다. 어쩌다 하나 명중한 게 아니라 부단한 연습 끝에 나온 결과입니다. 부단한 연습이 어떤 효과를 제공하는지 이 책은 강조하고 있습니다.

다트를 골프와 비슷하다고 하는 사람들도 있습니다. 틀린 말은 아닙니다. 셋업, 테이크백, 릴리스, 폴로스루까지 스윙 과정과 용어가 비슷합니다. 화살(볼)을 목표지점에 보내야 하고, 점수(거리)를 매니지먼트 하는 점도 그렇습니다. 플레이 할 때 마인드 조절을 하는 멘탈 게임이란 점은 더 비슷합니다.

다트는 골프에 비해 장소에 구애받지 않습니다. 골프보다 룰도 쉽습니다. 사용하는 도구가 간단하며, 큰 힘이 필요하지도 않습니다. 특별한 부상이나 심리적 장애만 없다면 나이가 들어도 충분히 즐길 수 있는 스포츠가 다트입니다.

과녁에 명중할 때 쾌감 때문에 좀처럼 헤어나기 어려운 중독성이 있습니다. 양궁이나 사격 같은 표적 스포츠 모두 비슷한 매력이 있습니다. 다른 점이라면 다트는 화살을 직접 쥐고 던지는 것이어서, 어쩌면 손맛은 더 짜릿합니다.

다트는 스스로 관리하는 스포츠입니다. 개인 경기라서 잘한 것도 못한 것도 오롯이 내 책임입니다. 스스로 노력하고 준비하는 과정이 곧바로 성적으로 연결됩니다. 남 탓할 필요 없이 나에게서 문제를 찾으면 됩니다. 그게 다트의 매력입니다.

다트 플레이어는 급격히 늘고 있는데, 아쉽게도 우리나라에는 다트 교본이 없었습니다. 입문하는 사람들은 지식을 얻을 창구가 적어 헤맸고, 고수들은 머릿속에 든 이론과 경험을 정리하는 데 소홀했습니다. 인터넷엔 토막 정보들이 이리저리 흩어져 있고, 정확하지 않은 것도 많습니다.

사실 다트는 교재가 필요 없는 스포츠일지도 모릅니다. 보드의 높이와 거리는 규정대로 그 자리 그대로 있지만, 던지는 사람은 다릅니다. 키와 팔 길이, 손 크기 같은 신체 특성이 모두 다릅니다. '꼭 이렇게 해야 한다'는 매뉴얼이 어울리지 않습니다. 그래서 "그렇게 했을 땐 이런 결과가 온다"는 정도로 도움을 드리려 합니다.

자기 방식대로 던져서 원하는 곳에 잘 들어가고, 그렇게 수없이 던져도 같은 효과를 낸다면 그게 정답입니다. 그래서 다트 교재가 필요 없을 수 있다고 하는 겁니다. 교재는 지극히 일반적이지만 독특한 사례도 있습니다. 책을 보다가 고개를 갸우뚱하면서 '굳이 이럴 필요는 없는데…' 라고 생각하는 부분은 그냥 넘어가시면 됩니다.

《다트 교과서》를 펴내기로 한 이유는 우선 스포츠로서 다트를 알리고 싶었습니다. 플레이어를 가르치려는 게 아닙니다. 간단한 룰이라도 알고 던지면 훨씬 재미있음을 알게 하려고 합니다. 던지면 던질수록 기술 향상의 욕구가 일어날 것입니다. 이 교재는 여러분을 앞에서 이끄는 게 아니라 옆에서 도움을 줄 것으로 기대합니다.

자리를 잡고, 다트를 쥐고, 목표지점을 겨누고, 던지는 순서대로 정리하였습니다. 01 게임의 어레인지나 크리켓 게임에서 어떤 작전을 써서 이길 수 있는지 전술 측면도 다룹니다. 일본과 미국의 다트 관련 단행본들과 많은 웹에서 자료를 얻어 엮었습니다. 매체를 통해 흔히 봤거나 이미 알고 있는 내용이어서 새로운 이론이 없다고 생각할 수 있습니다. 보기 좋게 정리했다는 정도로 이해해주십시오.

다트는 전통적 다트와 소프트 다트 두 가지가 있습니다. 룰이 같고, 던지는 방법도 크게 다르지 않아 둘 사이를 오가는 사람이 많습니다. 이 책은 다트 팬들이 많이 즐기는 소프트 다트를 중심으로 정리했습니다. 소프트 다트 덕분에 다트 팬이 폭발적으로 늘었고, 대회도 자주 열립니다. 프로 대회도 생겨서 다트를 직업으로 삼아 던지는 선수도 있습니다. 소프트 다트가 아니었다면 다트는 아직도 술집 벽에만 걸려 있을 겁니다.

다트는 작은 화살이고 게임 자체를 의미하기도 합니다. 영어로 표기할 때 다트(dart)는 한 개의 작은 화살이고, 다츠(Darts)는 스포츠 종목 이름입니다. 이 책에서는 둘 다 한글로 '다트'로 표기합니다. 문맥 전개에 따라 둘을 충분히 구분할 수 있을 것입니다.

《다트 교과서》를 펴낼 수 있게 힘을 주신 분들께 깊은 감사를 드립니다. 다트의 국민 스포츠화를 추진하시는 대한다트협회 김의재 회장님, 교재 출판을 독려해주신 피닉스다트 김재욱·이승윤 대표님, 다트를 국내에 보급하고 세계로 전파하신 피닉스다트 창업자 홍상욱 회장님께 감사합니다. 책을 감수하고 스로잉 모델을 맡아주신 고준, 김아름 선수와 내용에 조언을 주신 많은 퍼펙트 플레이어 여러분에게도 인사를 전합니다.

이다원

# 차 례

# 실전게임     *PLAY THE GAME*

# 연습과 장비          PRACTICE & GEAR

# 부록

# BASICS OF DARTS

# DARTS

# 다트의 기본

# 짜릿한 멘탈 스포츠, 다트

병사들은 굵은 나무를 자른 단면에 표적을 그려 부러진 화살을 던지고 놀았다.
나이테 중심부터 바깥쪽으로 선을 긋고, 각 구역에 숫자를 써서 득점의 높낮이를 구분했다.
채점을 통해 우열을 가르는 스포츠로서 기본을 갖추었다.

현재의 다트와 비슷한 물건이 등장한 것은 15세기 후반이다. 당시 영국은 프랑스와 100년 전쟁(1337~1453)을 끝내고 장미전쟁(1455~1485)으로 내전 중이었다. 150년 동안 이어진 전투에 지루해 하던 영국 병사들이 간단한 놀이를 고안해낸다. 부러진 화살을 포도주 통에 넣고 노는 영국식 투호.

전쟁은 끝날 기미가 없고 포도주 통마저 귀해지자 통나무를 잘라 화살을 꽂고 놀았다. 나이테가 마르면서 생긴 균열이 자연스럽게 점수 구역으로 나누어졌다. 중심에서 바깥쪽으로 선을 긋고, 구역마다 점수를 구분한 것이 다트 보드의 원형이다. 채점이 가능해지면서 우열을 가려야 하는 스포츠로서 기본을 갖춘 셈이다.

헨리 7세의 랭커스터 가문이 장미 전쟁에서 승리하며 영국은 안정을 찾았다. 귀향한 병사들은 선술집(pub)에 몰려가 '군대의 추억'을 나눴다. 누군가 '추억의 표적 맞히기' 놀이를 제안했고, 누군가는 '그때 못 끝낸 걸 오늘 결판 내자'고 호응했을 것이다. 전쟁터의 다트는 술집에서 되살아났다.

영국 펍은 술집이라기보다 생활 공동체 성격이 강

다트를 던지고 있는 엘리자베스1세 여왕

1930년대 펍에서 다트를 던지는 모습

하다. 겨울이 길고 해가 일찍 지고 비가 잦은 영국 날씨는 사람들을 실내에 머물게 했고, 좁은 곳에서도 가능한 다트는 펍에 제격이었다. 펍 주인들은 손수 만든 보드를 벽에 걸고 더 많은 손님을 유치했다. 이때부터 다트와 펍은 떼려야 뗄 수 없는 사이가 된다.

## 절묘한 숫자 배열은 누가 고안했을까

20세기 초까지도 다트는 생김새와 숫자 배치, 룰이 각양각색이었다. 현재의 다트 보드, 이 절묘한 숫자 배열은 누가 생각해낸 것일까?

1896년 목수인 브라이언 갬린이 지금과 흡사한 다트 보드를 고안했다고 하는데, 당시 인구조사 결과에 출생지 랭커셔주 베리에 그런 목수가 없었다는 반박도 있다. 1992년 에드워드 버클이란 사람이 〈다트월드〉 잡지에 기고를 한다. 아버지 윌리엄 버클이 1913년에 지금의 숫자 배열에 더블과 트리플 계산법을 만들었다고 주장했다. 하지만 근거 자료를 내놓진 못했다.

높은 숫자 옆에 낮은 숫자를 배치하고 영역을 구분해 두 배와 세 배로 계산하는 보드를 '런던 보드'라고 한다. 발상지 이름을 딴 보드들이 서로 다른 크기와 숫자 배열로 존재한다. 하지만 지금은 사용하지 않고 골동품 애호가의 수집 대상으로만 남아 있다.

다트 화살의 원형은 기원전 500년 그리스 병사들이 쓰던 플럼바타(Plumbata)라는 설이 유력하다. 창을 축소한 이 무기는 납을 매럴로 씌워 무게를 디했고 나무 샤프트에 금속 플라이트를 갖추었다.

## 다트는 운이 개입하는 사행성 게임이다?

20세기 초 영국의 도시 노동자와 시골 농민들이 팀 이름을 만들어 격하게 다트를 즐기기 시작했다. 때마침 엘리자베스 여왕과 가족이 버크셔주의 슬라우 커뮤니티센터에 들러 다트를 즐긴 사진이 신문 1면을 장식한다. 명실상부 '로열' 게임이 된 다트는 식민지 나라의 펍으로 번져나갔다.

펍이 다트에게 좋은 역할만 한 것은 아니다. 술과 담배가 문제였고, 지역마다 다른 게임 방법과 어설픈 룰 때문에 주먹다짐을 벌이는 일이 잦았다. 뾰족한 침 때문에 사고가 속출했고, 도박성이 있다는 이유로 공공장소에서 게임을 할 수 없게 '금지령'까지 내려졌다.

1908년 리즈에서 펍을 운영하던 애나킨이란 사람이 불법영업 혐의로 법원에 불려갔다. 다트를 들고 출두한 그는 판사와 방청인이 부르는 숫자대로 보드에 꽂았다. 운이 아닌 실력으로 하는 게임임을 '법적으로 증명'한 셈이다. 이를 계기로 다트는 '우연'이 끼어들 수 없는, 꾸준히 단련해야 하는 스포츠라는 인식이 퍼져나갔다.

다트의 원형인 그리스 병사들의 무기 플럼바타와 이를 재현한 제품

재현한 맨체스터 보드

# 팁, 배럴, 샤프트, 플라이트

다트를 즐기려면 보드와 화살, 던질 공간만 있으면 된다.
다트는 작은 화살의 이름이면서 게임 자체를 뜻하기도 한다.
화살 3개가 한 세트이며 하나의 화살은 4개 파트로 구성되어 있다.
각 부분이 어떤 역할을 맡고 있는지 알아보자.

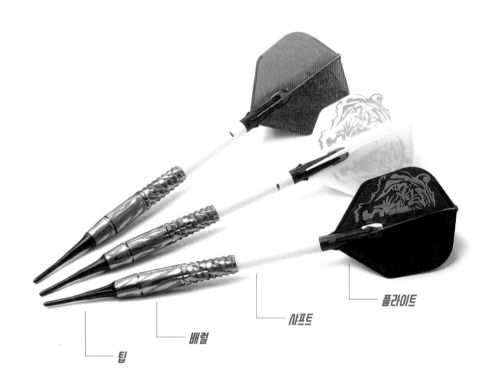

플라이트

샤프트

배럴

팁

다트는 소프트 다트든 하드 다트든 똑같이 4개 파트로 이루어졌다. 팁(포인트), 배럴, 샤프트, 플라이트라고 부르는 부속품 4개가 각자 역할을 갖고 있으며 서로 연결되어 있다.

처음 구매할 때는 4개가 한 세트로 구성된 게 대부분이다. 하지만 배럴을 중심으로 각 파트를 자신의 취향에 맞게 바꾸어 끼울 수도 있다. 제조사가 다르더라도 호환할 수 있게 표준지름 나사로 만든다. 다만 암나사, 수나사 방식에 따라 배럴과 팁의 조합

이 달라지기도 한다.

샤프트와 플라이트는 같은 회사에서 만든 제품끼리만 조합할 수 있게 나오니 조심히 선택해야 한다. 하드 다트의 본산인 영국의 유명 메이커들도 시장 흐름에 맞춰 소프트 다트를 내놓고 있다.

기성 완제품보다 요즘엔 플레이어 취향에 맞춰 4개 파트를 따로따로 세팅하는 플레이어들이 많다. 나만의 자유로운 개성을 표현할 수 있는 다트의 또 다른 즐거움이다.

### 팁 TIP

손을 떠난 다트가 보드 구멍에 박히는데 그 부분이 팁이다. 소프트 다트 팁은 플라스틱으로 만들어 길이도 여러 가지고, 소재에 따라 부러지지 않는 강한 타입과 탄력성 있는 부드러운 타입이 있다. 소모품이라 보통 수십 개 단위로 준비해두고 부러지거나 구부러지면 바꿔 끼운다.

### 샤프트 SHAFT

배럴과 플라이트를 이어준다. 길이와 무게, 소재에 따라 날아가는 모양이 다르다. 다트 전체의 밸런스를 규정하는 부품이므로 배럴만큼 신중하게 선택해야 한다. 플라스틱이 주류고 알루미늄, 카본 합금 등이 사용된다. 1cm 정도부터 5cm 이상 긴 것도 있다.

### 배럴 BARREL

가장 중요한 심장 같은 부품. 보통 '다트를 산다'는 말은 배럴을 선택하는 것을 말한다. 4개 파트 중 가장 무겁고, 손으로 조절하는 부분이라서 플레이 성패를 가름한다. 단단하고 무게감 있는 텅스텐으로 주로 만드는데, 쥐었을 때 느낌이나 손가락에 걸리는 감촉을 갖고 고른다.

### 플라이트 FLIGHT

가장 뒷부분 날개. 안정적인 비행을 돕는 역할을 한다. 플라이트의 생김새에 따라 날아가는 궤도가 달라진다. 큰 플라이트는 포물선을 그리며 날고, 작은 것은 직선에 가깝게 난다. 초기에는 칠면조 날개로 만들었다고 하는데 현대는 플라스틱으로 만든 플라이트가 주류다.

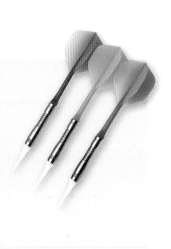

### 퍼스널 다트

본격적으로 다트를 시작한다면 나만을 위한 제품을 구입하는 게 좋다. 처음엔 일체형 세트 제품을 쓰다가 실력이 향상되면 구질에 맞춰 각각의 파트를 조합하기도 한다. '마이 다트'라는 말은 일본식 조어. '퍼스널 다트' 또는 '개인용 다트'라고 부르자.

### 하우스 다트

다트를 즐길 수 있는 바 같은 곳에 비치된 기본 다트. 배럴은 값싼 브라스(동)로 제작하고, 팁이나 플라이트가 부상입은 것들이 많다. 플라이트와 샤프트가 일체형인 게 대부분이며, 무게는 가볍고 길이는 짧다. 가게마다 무게나 균형이 다르기 때문에 스윙의 일관성을 기대할 수 없다.

# 보드의 득점과 산정

다트 보드는 참 재미있다. 1부터 20까지 숫자가 있지만 시계처럼 일정하지 않다.
20은 1과 5 사이, 19는 3과 7 사이에 있다. 높은 점수를 노리다 낮은 점수로 들어갈 수 있고,
무심코 던지다 횡재를 할 수도 있다. 왜 다트를 '복불복' 게임이라고 하는지 알아보자.

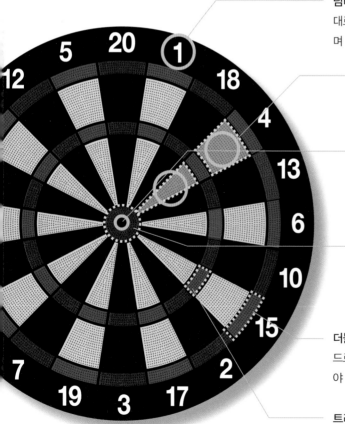

**넘버 :** 보드에는 1부터 20까지 숫자가 있다. 시계처럼 차례대로 배열되지 않고 높은 숫자 옆에 낮은 숫자가 번갈아 가며 나타난다. 다트는 복불복이다.

**싱글 :** 숫자대로 득점을 얻는다. 안과 밖, 두 개로 나누어져 있고 사이에 세 배 득점을 얻는 트리플 링이 있다.

**더블 불(인 불) :** 불 안쪽 검은색을 맞추면 50점. 소프트 다트는 인 불이나 아웃 불에 맞으면 독특한 효과음이 울려 기분이 상쾌해진다.

**싱글 불(아웃 불) :** 소프트 다트는 싱글 불도 기본 50점. 크리켓 또는 옵션(세퍼레이트 룰)에 따라 25점으로 계산한다. 하드 다트는 25점이다.

**더블 :** 숫자의 두 배 득점을 얻는다. 더블 링 바깥쪽은 아웃보드로 득점이 없다. 그래서 더블을 겨눌 때는 위험을 감수해야 한다.

**트리플 :** 숫자의 세 배를 득점한다. 1을 맞히면 3점에 불과하지만, 20 트리플을 맞히면 60점이다. 50점짜리 불보다 높다.

다트는 정해진 거리 바깥에서 목표지점을 겨냥하고 회살을 던져 맞힌 점수를 갖고 겨루는 스포츠다. 점수가 높아야 이기는 것으로만 생각하지만 꼭 그렇지는 않다. 가장 보편적인 01 게임은 상대보다 먼저 0으로 만들어야 하니 점수가 낮을수록 유리하다.

보드는 중심(불)에서 바깥쪽으로 20등분이 되어 1부터 20까지 숫자가 뒤섞여 있다. 숫자 영역 20개가 안쪽과 바깥쪽의 링 2개로 나뉜 각 부분(득점 영역)을 세그먼트라고 한다. 모두 82개가 있다.

숫자만큼 점수를 주는 기본 구역과 두 배, 세 배 득점을 얻을 수 있는 영역, 정중앙 불 등 화살이 꽂힌 지점에 따라 득점이 달라진다. 대부분 면적이 넓을수록 배수가 낮다.

**보드에서 다트를 쉽게 빼려면**
보드에 꽂힌 다트를 뺄 때 수평으로 그대로 잡아당기면 힘이 든다. 배럴 앞 부분을 엄지와 검지로 잡고 손바닥 전체를 이용해 시계 방향으로 돌리면 쉽게 빠진다. 다트 각 파트를 연결한 나사와 같은 방향이다. 만약 거꾸로 돌리면 팁과 배럴, 배럴과 샤프트를 잇는 나사가 풀릴 수 있다.

### 득점 계산 방법
한 라운드(1회)에 다트 3개를 던진다. 3개 다트의 득점을 합하면 1라운드 득점이다. 3개를 던지는 것을 1스로라고 하는데, 1스로를 마치면 상대 선수와 교대한다.

① 12싱글 = 12점
② 6트리플 = 18점
③ 불 = 50점
12+(6X3)+50 = 80

**라운드 스코어
80점**

① 18더블 = 36점
② 11싱글 = 11점
③ 아웃보드 = 0점
(18X2)+11+0 = 47

**라운드 스코어
47점**

① 9더블 = 18점
② 7싱글 = 7점
③ 15트리플 = 45점
(9X2)+7+(15X3) = 70

**라운드 스코어
70점**

### 득점이 인정되지 않는 경우
● 아웃보드. 더블링 바깥쪽 검은색 부분에 꽂혔을 때
● 발이 스로 라인을 넘어서 던졌을 때
● 보드에 맞고 떨어졌는데 센서가 감지하지 못했을 때
● 앞에 던진 다트에 올라타 다트가 꼽히지 않았을 때
　– 소프트 다트에서는 센서가 감지하면 인정한다.
　– 하드 다트에서는 3개를 다 던지기 전에 꽂혔던 다트가 떨어지면 인정하지 않는다.

# 소프트 다트의 매력

전통 다트는 끝이 뾰족한 금속 침으로 되어 있다. 스틸 또는 하드 다트라고 한다.
소프트 다트가 나오기 전에는 스틸이 '다트' 자체였다. 전자 다트가 급격히 보급되면서
주객이 바뀌어 스틸이니 하드니 하는 접두어가 붙게 되었다.

*SOFT DART*

*HARD DART*

스틸 다트는 뾰족한 침이 보드에 소리 없이 꽂히는 맛이 좋지만, 사람들에게 위협적이다. 게다가 술이 있는 펍에서 즐기는 탓에 늘 사고 위험에 노출됐다. 소프트 다트는 스틸 다트의 위험을 줄이고 점수 계산의 복잡함을 덜기 위해 1980년대 중반 미국 업체가 개발한 전자식 다트이다.

소프트 다트 보드는 단단한 플라스틱이다. 이곳에 곰보 자국 같은 자잘한 구멍(bit)이 뚫려 있어 다트를 던지면 미끄러져 들어간다. 팁이 꽂히면 센서가 반응하여 득점을 표시해준다. 계산도 자동으로 하고 많은 응용게임을 머신에 내장할 수 있다. 밋밋한 스틸 다트와 달리 웅장한 소리와 화려한 그래픽이 플레이어의 흥을 돋운다.

스틸 다트는 날카로운 금속 침을 꽂기 때문에 보

드기 플라스틱일 수 없다. 재료는 종이 점토, 고르크, 떡갈나무 등이 쓰이는데 그 가운데 시이잘 삼 (Sisal hemp) 보드를 최고로 친다.

사이잘 삼은 열대 지방에서 자라는 선인장 종류로 밧줄이나 질긴 백을 만드는 데 주로 쓴다. 이를 엮어서 압축한 뒤 증기로 찌고 말리는 과정을 반복해 견고하게 만든다. 다트 포인트가 수백 번 꽂혀도 자국이 남지 않을 만큼 단단하다. 맥줏집에서 흔히 보는 코르크 보드나 점토 보드는 쉽게 부서져서 장식품 역할에 그친다.

소프트든 스틸이든 보드의 숫자 배치는 똑같다. 하지만 보드 크기가 다르다. 더블 링 바깥을 기준으로 스틸 보드 지름은 34.4cm(13.5인치)인데, 소프트 보드는 39.4cm(15.5인치)로 지름이 5cm 길다.

스로 라인부터 보드까지 거리도 차이가 있다. 스틸 다트가 237cm(7피트 9.25인치)인 반면 소프트 다트는 244cm(8피트)로 더 멀다. 거리가 먼 만큼 표적도 크니까 조건은 비슷한 셈이다. 그래도 작은 스틸 다트에 익숙한 사람은 소프트 다트를 쉽게 대하는 편이다.

보드에 박히는 팁의 재료도 소프트 다트는 플라스틱, 스틸 다트는 금속이다. 소프트 다트 중량은 배럴 포함 전체 세팅 무게가 20~30g 정도의 것을 사용한다. 스틸 다트는 길이 30.5cm 이내, 무게는 50g 이하로 규정하고 있는데, 보통 18~24g 정도가 쓰인다.

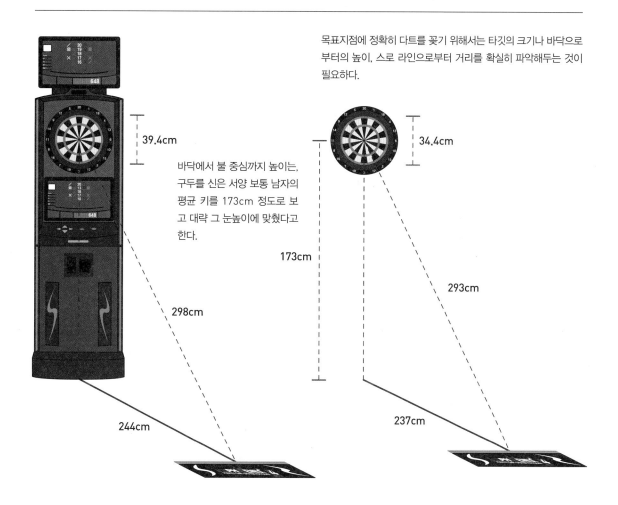

39.4cm

바닥에서 불 중심까지 높이는, 구두를 신은 서양 보통 남자의 평균 키를 173cm 정도로 보고 대략 그 눈높이에 맞췄다고 한다.

298cm

244cm

목표지점에 정확히 다트를 꽂기 위해서는 타깃의 크기나 바닥으로부터의 높이, 스로 라인으로부터 거리를 확실히 파악해두는 것이 필요하다.

34.4cm

173cm

293cm

237cm

# 다트의 매너와 에티켓

다트 경기에는 심판이 없다. 엄밀한 룰도 없고 있더라도 간단하다.
하지만 에티켓을 강조한다. 상대에게 심리적 영향을 끼치는 행위를 삼가야 하는 정도이다.
인사와 함께 경기를 시작하고, 좋은 플레이를 격려하는 매너만 보여주면 된다.

다트 특유의 주먹 인사를 나눈 후 누가 먼저 던질지 순서를 정한다. 경기를 시작하면 스로 라인을 규정대로 밟고 다트를 세 번 던진 다음 상대 선수와 차례를 바꾼다. 좋은 플레이를 펼쳤을 때는 "나이스 샷" 같은 말로 격려하고, 레그(세트)가 끝나면 또 인사하고 다시 시작한다.

이런 정도의 매너만 알면 소프트 다트는 큰 시빗거리가 없다. 스틸 다트는 초커(콜러)의 지시에 따라야 할 때도 있지만, 소프트 다트는 대결하는 사람들끼리 자율적으로 게임을 진행한다. 심판도 없다.

게임을 할 때는 상대방의 플레이 시야에 들어가지 않도록 충분한 거리를 유지하며, 특히 플레이 하고 있는 상대의 바로 뒤보다는 45도 정도 비켜서는 게 좋다. 상대가 던질 자세를 취했는데, 신경을 거슬리는 이상한 소리를 내거나 시야 안에 들어와 움직여서도 안 된다. 이런 행동은 자신의 게임 흐름도 망가트릴 수 있다.

응원하는 사람도 마찬가지다. 응원 대상이 친구라고 해도 던지는 도중 큰 소리를 지르며 응원하거나, 대결 상대의 사기를 꺾는 말이 상대 플레이어에게 들리도록 하면 안 된다. 다트 같은 멘탈 게임에서 지나친 응원은 용기를 주기보다 플레이에 방해가 될 가능성이 더 높다.

승패가 결정된 후에 승자도 패자도 상대의 플레이를 칭찬하는 것을 잊지 말자. 너무나 상식적인 것이어서 당연하다고 느끼는 사람이 있겠지만, 막상 치열한 게임이 끝나고 나면 잊어버리고 돌아서는 경우도 있다. 다트는 주먹 인사로 시작해 악수나 주먹 인사로 끝내는 매너 게임이다.

먼저 공격!

4중 공격

## 한 라운드에 다트 3개를 던진다

한 라운드에 다트 3개를 던지는 것을 1스로(1throw)라고 하고, 1스로를 마치면 상대방이 공격한다. 게임 전개에 따라 3개를 다 던지지 않고 끝나는 경우도 있다. 게임 참가자 모두 1스로를 마치면 한 라운드가 끝난다.

## 공짜 플레이… 얼마나 아낀다고?

다트 머신에 코인을 넣지 않고 다트를 던지는 것을 '빈 다트'라고 한다. 게임을 시작하기 전에 연습의 일환으로 몇 번 던져보는 정도로 그치자. 남 눈치가 보이기 시작하면 이미 늦었다.

## 누가 먼저 던질지 정하는 법

게임을 누가 먼저 시작할지 정하는 것을 코크(cork) 또는 디들(diddle)라고 한다. 다트 한 개를 던져 불 가운데에 더 가깝게 간 쪽이 먼저 공격한다. 코인 토스로 결정하거나 가위바위보로 이긴 쪽이 먼저 던질 수도 있다. 다트는 먼저 공격하는 쪽이 유리하다.

## 다트는 야구가 아니다

머신에는 야구 선수가 다트를 던지는 모습의 스티커가 붙어 있다. "야구 다트 금지!" 야구는 볼을 빠르고 멀리 던지는 게 목적이다. 다트할 때 해서는 안 되는 동작이다. 다른 플레이어에게 위험하고 머신이나 다트가 손상될 수 있다.

## 조금 유리하다고 선을 넘지 말라

발끝이 스로 라인을 넘지 않도록 서야 한다. 조금 앞에서 던지면 표적이 가까워 유리할 것 같지만 꼭 그렇지 않다. 키가 크거나 팔이 길다고 잘 던지는 게 아니라, 늘 같은 위치에서 밸런스를 유지해 던져야 한다. 스로 라인 폭은 10cm 정도로 넉넉하다. 숍에 따라 스로 라인에 발이 조금이라도 걸쳐도 인정하는 곳도 있다.

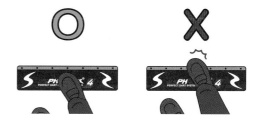

## 아무리 급해도 다트는 빼고 '엔터'

1스로 하고 다트를 뺀 뒤 엔터 버튼을 누른다. 그러면 상대가 던질 차례다. 버튼부터 누르고 다트를 빼도 괜찮지만 소프트 다트의 특성상 센서 오류가 있을 수 있으니 주의하자. 피닉스다트의 VS피닉스S4는 다트만 뽑으면 자동으로 교대된다.

## 꽂지 못해도 센서가 인정하면 OK

소프트 다트는 전자 감응식이다. 보드 뒤 센서가 팁의 접촉을 감지해 점수를 표시한다. 팁이 보드에 맞고 떨어져도 센서가 반응하면 득점을 인정한다. 핀이 꽂혔는데 센서가 감지하지 못하면 경기 진행요원이 머신을 조작해 점수를 인정한다.

## 환상적인 플레이에 환호와 격려를

좋은 플레이를 펼쳤을 때 칭찬을 받으면 기분도 좋다. 프로 선수의 경기는 팽팽한 긴장감이 있지만, 친한 사람이든 아니든 상대가 고득점을 냈을 때나 멋진 플레이를 펼쳤을 때 "나이스 플레이!" 같은 격려의 말을 건네는 게 훌륭한 매너다.

## 다트는 창이다, 남에게 건넬 때는?

다른 플레이어가 던진 다트가 자기 앞으로 굴러오는 경우가 있다. 건네줄 때는 내가 팁 쪽을 잡고 상대가 플라이트 쪽을 쥘 수 있도록 건넨다. 다트의 원형은 창이다. 날카로운 걸 건넬 때 어떻게 해야 하는지 생각해보라.

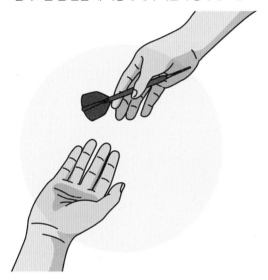

## 과음과 흡연 플레이, 그건 아니지!

다트가 간단하게 술을 즐기면서 할 수 있는 스포츠인 것은 맞다. 하지만 꼴불견까지 용납하진 않는다. 만취 상태이거나 담배를 물고 플레이 하는 건 절대 금물. '교양'이란 단어를 늘 머릿속에 새겨두자.

## 보드 앞에서 얼쩡대는 것은 위험

보드 앞을 가로지르는 행동은 위험하다. 아무리 플라스틱 핀이라도 사고가 날 수 있다. 내가 던질 차례라도 사람이 앞에 있으면 자세를 취하지 말라.

## 상대의 집중력을 흩트리지 않는다

다트에서 가장 중요한 것은 집중력. 비교적 시끄러운 장소에 머신이 설치되어 있고, 좁은 공간에 넣어야 하는 섬세한 스포츠다. 상대가 던질 자세를 취하고 있는데 야유를 하거나 큰 소리로 중얼거리는 행위는 삼간다.

## 원수라도 게임 전후에는 인사하기

한 맺힌 라이벌이라도 경기 앞뒤에 인사하는 건 기본 예의. 게임 전에 서로 주먹을 맞대고 "잘 부탁합니다" "좋은 게임 합시다" 같은 인사를 하고, 승패가 결정되면 "재미있는 경기였어요" "많이 배웠습니다" 같은 말을 하며 주먹 인사나 악수를 한다.

# HOW TO THROWING

# 다트의 기술

# 그립의 기본

다트 던지기 첫 단계, 어떻게 쥐어야 할까? 다트에 힘을 떠받치는 건 엄지와 검지다.
두 손가락으로 다트를 잡고 나머지 손가락을 받치거나 떼어본다.
불편하지 않게 잘 날아가는 그립이 몸에 맞는 것이다.

뭔가를 던지려면 우선 손으로 잡아야 한다. 도구를 쥐거나 잡는 방법이 그립(grip)이다. 다트를 잡는 방법은 천차만별. 꼭 이렇게 쥐고 던져야 한다는 정답은 없다. 배럴의 무게중심을 잘 찾고, 쥐었을 때 느낌이 좋고, 그런 느낌으로 던졌을 때 적중률이 높다면 잘 만든 그립이다. 같은 그립으로 수도 없이 던져도

늘 편해야 한다.

다트를 잡을 때 손을 일일이 확인하며 잡진 않는다. 짧은 시간에 3발을 같은 동작으로 리드미컬하게 던지려면 그럴 여유도 없다. 손끝 감각이 무의식으로 무게와 밸런스를 이미 알고 있다.

잡은 느낌이 어색하고 거북하면 안 좋은 그립이

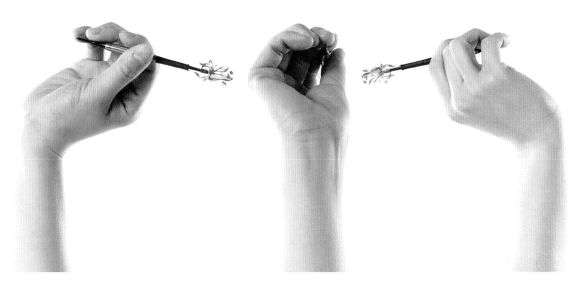

*LEFT SIDE*                    *FRONT*                    *RIGHT SIDE*

다. 던지기 전에 이것저것 계산하면 안 된다.

잡을 때는 단단하면서 가벼워야 한다. '탁 잡히면서도 잡지 않은 듯한' 느낌. 꽉 잡으면 안심은 되지만 릴리스 할 때 힘이 들어간다. 잡으면서 힘을 주면 긴장한 손가락에 걸려 삐뚜로 날아간다.

엄지와 검지로 잡고 나머지 손가락은 살짝 거들 뿐. 손가락에서 미끄러지지 않을 정도로, 다트를 가볍게 '얹어 둔다' 또는 '살짝 끼워 둔다'는 느낌이어야 한다. 그립은 가볍지만 견고해야 한다.

### 연필 그립을 시도해 보자

그립을 완성하려면 '안정된 모양으로, 쥐었을 때 어색함이 없을 것' 이 두 가지를 전제해야 한다. 이를 항상 머릿속에 새기길 바란다. 젓가락을 잡거나 연필을 쥐는 자세가 부정확하면 반찬을 흘리거나 글씨가 예쁘게 써지지 않는다. 야구 배트나 골프 클럽과 달리 손바닥을 쓰지 않는, 다트처럼 얇고 긴 것을 쥐는 건 쉽지 않다. 그립 때문에 고민이라면 연필 쥐는 방식으로 해보기를 추천한다. 세 손가락 그립의 변형이다.

어색하게 느껴진다면 배럴과 궁합이 맞지 않아 그럴 수도 있다. 다른 배럴로도 테스트 해보고, 어떤 그립 방식이 좋은지 시도해보자. 어색하지 않게 쥘 수 있는 형태를 찾으면 된다.

---

### 세 손가락 그립 무게중심 잡기

다트 밸런스의 기점이 되는 지점이 배럴의 중심이다. 검지를 뻗어 그 위에 다트를 가로로 올린다. 검지가 천칭이라 생각하고 균형을 잡아 한쪽으로 기울지 않는 위치가 무게중심이다. 게임하면서 일일이 찾을 여유는 없고 여러 번 던지다 보면 자연스럽게 잡힌다. 배럴에 굴곡이나 커팅이 있어 무게중심을 찾기 쉽다.

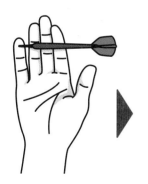

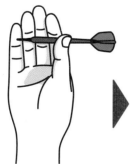

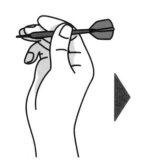

① 배럴 중심을 검지에 올리고 균형을 잡는다. 첫째 관절 또는 둘째 관절, 어디에 놓을지 편한 대로 한다.

② 무게중심을 찾았으면 엄지로 살짝 눌러 쥔다.

③ 중지 또는 약지까지 다트 앞부분을 받쳐준다.

④ 그대로 손목을 뒤로 젖힌 다음 손목을 굽혀 던질 자세로 가져가면 끝.

# 다트 그립의 종류

손가락 몇 개를 써서 다트를 쥐어야 편할까.
대부분 플레이어들이 세 손가락 그립을 선호하지만 두 손가락 그립이
방향성이 더 좋다고도 하고, 네 손가락 그립이 더 안정적이라는 사람도 많다.

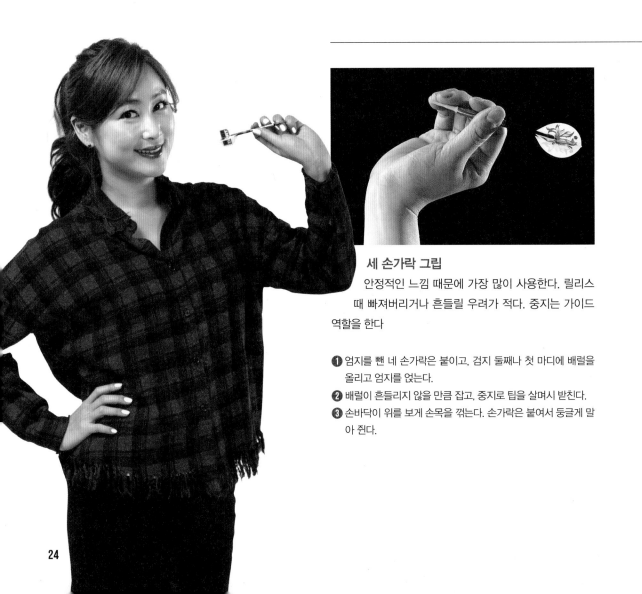

### 세 손가락 그립
안정적인 느낌 때문에 가장 많이 사용한다. 릴리스 때 빠져버리거나 흔들릴 우려가 적다. 중지는 가이드 역할을 한다

❶ 엄지를 뺀 네 손가락은 붙이고, 검지 둘째나 첫 마디에 배럴을 올리고 엄지를 얹는다.
❷ 배럴이 흔들리지 않을 만큼 잡고, 중지로 팁을 살며시 받친다.
❸ 손바닥이 위를 보게 손목을 꺾는다. 손가락은 붙여서 둥글게 말아 쥔다.

다트를 잡을 때 손가락을 몇 개 사용하느냐에 따라 잡는 법을 나눈다. 적게는 2개, 많게는 5개 손가락을 모두 쓸 수 있다. 어떤 방법이든 불편하지 않으면 상관없지만, 엄지와 검지가 꼭 개입되어야 컨트롤할 수 있는 건 당연하다.

손가락으로 배럴을 잡고 샤프트를 걸치기도 하나 플라이트는 잡지 않는다. 플라이트를 잡고 거꾸로 던지는 선수도 있지만 흉내내지 말자. 손가락이 많이 개입될수록 그립의 안정감은 있지만, 관여하는 손가락이 많으면 릴리스 때 다트가 걸릴 수 있다.

세 손가락 그립은 안정된 느낌을 주며 편안하다. 릴리스 때 흔들릴 우려도 적다. 세 손가락 그립으로 바르게 릴리스 하는 순간 검지와 엄지만 남는다. 그

렇다고 처음부터 그 모양을 만들어 던지면 테이크 백이나 릴리스 때 흔들리거나 빠질 수 있다.

두 손가락 그립은 사실 느낌이 불안정하다. 많은 연습을 통해서 힘을 빼고도 흔들리지 않는 릴리스를 할 수 있다면 괜찮다. 군더더기 없이 깔끔하게 날아간다.

네 손가락 그립은 잘 쥐고 있다는 탄탄한 기분이 든다. 하지만 쓰는 손가락이 많아서 번거롭다. 특히 릴리스 할 때 다트가 손가락에 걸리기 쉽다.

세 손가락 그립은 초보자에게 적극 추천하는 그립인데, 이것이 숙달되면 두 손가락과 네 손가락 그립을 시도해보는 것도 다양성을 위해 좋다. 몰랐던 세상을 발견할 수도 있다.

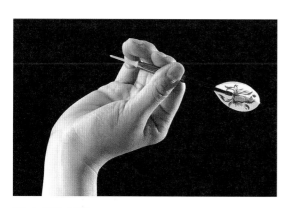

### 두 손가락 그립
컨트롤이 불안하기 때문에 널리 애용하지는 않는다. 하지만 중지를 사용하지 않아 다트가 흔들리지 않고 곧게 날아간다.

❶ 손을 아래로 향하고 검지 첫 마디와 엄지 사이에 다트를 끼운다. 팁은 중지와 약지 사이에 오게 한다.
❷ 그대로 손을 일으키면서 손목을 살짝 꺾는다.
❸ 약지와 중지를 살짝 뗀다.

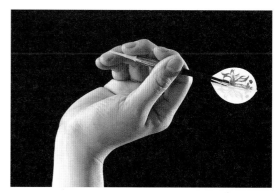

### 네 손가락 그립
잡은 모양도 든든하고 심리적으로도 안정된다. 하지만 사용하는 손가락이 많을수록 쓸데없는 힘이 들어갈 우려가 있다.

❶ 엄지와 검지 사이에 다트를 끼운다.
❷ 약지를 세 손가락 그립 때보다 약간 뒤쪽으로 뺀다.
❸ 약지가 밑에서 팁을 떠받치거나, 팁을 약지 옆에 붙여 마무리할 수도 있다.

# 스탠스가 탄탄해야 스로잉이 좋다

모든 스포츠는 발이 바닥에 닿은 상태에서 시작한다.
야구선수는 편한 스탠스를 찾기 위해 흙을 고르는 데 많은 신경을 쓴다.
다트를 던질 때 어떻게 발을 디뎌야 편하고 듬직하게 몸을 유지할 수 있을까.

타깃을 향하여 다트를 쥐고 서서 던질 준비를 한다. 바닥에 두 발을 딛고 선 자세가 스탠스(stance)다. 다트는 단순한 팔 운동이다. 하체가 단단히 지탱해주면 상체 움직임을 바르게 할 수 있다.

스탠스는 간단하다. 오른손잡이는 오른발, 왼손잡이는 왼발을 앞으로 내딛고 뒷발은 몸 균형을 유지할 정도로만 가볍게 디디면 된다.

미들, 오픈, 클로즈드, 세 방법이 있다. 대부분 미들 스탠스를 선호해 스탠더드 스탠스라고 부른다. 디딤발을 스로 라인에서 45도 정도 벌리고 타깃을 향하면 가슴은 보드와 대각선을 이룬다.

어떤 스탠스를 취하더라도 발폭은 어깨너비가 안

**미들 스탠스**
오른발은 스로 라인에 45도, 상체도 라인에 비스듬하게 기울이면 보드를 보기 쉬운 상태가 된다. 오픈과 클로즈의 장점을 다 갖고 있어 많이 애용한다.

 밸런스를 유지하기 좋다. 타깃과 팔과 시선을 일직선으로 맞추기 쉽다. 몸이 편안하다.

 편안한 각도라는 애매한 기준. 스로 라인과 직각이거나 평행이라는 기준이 없어 언제든 서는 각도가 바뀔 수 있다.

정되고, 내딛는 쪽 무릎은 굽히지 말고 곧게 편다.

　여기서 소개하는 자세는 사람에 따라 불편할 수도 있다. 오픈은 초보자만 하는 것도 아니고, 미들이 정

답도 아니며, 클로즈 신봉자도 여전히 많다. 모두 시도해보고 가장 편한 자세를 찾아보자. 스탠스는 스윙 폼을 결정하는 중요한 토대가 된다.

### 오픈 스탠스
발끝과 몸이 정면을 바라봐서 시야가 넓다. 무리하게 몸을 비틀지 않아 좋다. 타깃과 팔과 시선을 일직선에 맞출 수 없고, 테이크백 때 여유가 없어 불편하다.

 몸에 무리가 가지 않고 편안하다. 타깃을 바라보는 시야도 넓고 보기 편하다.

 상체를 세워야 해 타깃이 멀다. 몸이 앞뒤로 흔들릴 수 있다. 정확히 겨누기 어렵다.

### 클로즈 스탠스
타깃 라인에 직각으로 서는 스타일. 어깨 라인과 손, 시선을 일직선으로 맞출 수 있어 방향성이 좋다. 목을 돌려야 하고 장딴지와 허벅지에 하중이 집중되어 쉽게 피곤해진다.

 상체를 기울여 보드에 가깝게 설 수 있다. 타깃과 팔과 시선이 일직선이라 목표점을 맞추기 쉽다.

 몸이 흔들려 안정감 있게 서기 힘들다. 내민 다리의 바깥쪽 근육이 긴장해 피로가 빨리 온다.

**POINT** | 오픈 → 미들 → 클로즈 스탠스로 옮겨갈수록 몸 중심이 앞쪽으로 이동한다. 그 순서대로 상체가 흔들릴 가능성은 높아지지만 보드는 가까워져 유리하다. 따라서 오픈 → 미들 → 클로즈로 갈수록 목표지점을 맞추는 데 유리하다. 디딤발은 늘 서던 곳에 딛고 발 벌림 각도도 같게 유지해야 일관된 스윙을 할 수 있다.

# 자신에게 맞는 스탠스 정하기

스탠스를 할 때 상체를 바로 세우는 사람도 있고 앞쪽으로 기울이는 사람도 있다.
어떤 스탠스를 택하든 상체를 앞으로 내미는 건 타깃에 조금이라도 가까이 가려는 본능적 움직임이다.
말릴 수는 없지만, 보드와 가깝다고 명중률이 높아지는 건 아니다.

가장 많이 채택하는 미들 스탠스를 기준으로 하자. 상체를 앞으로 많이 내밀면 몸에 부담이 가 연습을 오래 하기 힘들다. 디딤발이 몸무게 90퍼센트 이상을 지탱하는 자세가 되기도 한다. 릴리스와 동시에 뒷다리가 허공에 뜰 수 있는 불안한 자세다. 안정되지 않은 하체 탓에 샷을 날린 후 몸이 앞으로 쏠아진다.

### 초보자는 상체를 세우고 던져보자

상체를 세우면 보드가 멀고 집중도는 떨어지지만 하체가 안정되어 편안하다. 초보자는 상체를 세우기를 권한다. 초보자가 처음부터 기울인 자세로 배우면 불안하고, 테이크백 각도가 충분치 않아 불편하다.

초보자가 계속 다트를 잘 던지려면 '날아가는' 느낌을 알아야 한다. 그 느낌을 알고 던지려면 상체를 세워야 좋다. 상체를 기울이면 다트를 미는 느낌이 강해진다. 푸시형 스로가 나쁘다는 게 아니다. 초보자는 몸을 움직이지 않고 팔꿈치를 축으로 던지는

스윙 타입으로 집중력을 키우는 게 좋다. 어떤 스탠스를 취하든 다트에 익숙해질 때까지는 상체를 편안하게 세우길 권한다.

### 초보자가 클로즈 스탠스를 해보면

어깨와 팔, 타깃을 이은 일직선 위에서 테이크백 하고 릴리스 하는 게 다트의 기본. 클로즈 스탠스는 축이 되는 발 뒤꿈치에 대부분 무게중심이 실리기 때문에, 뒤꿈치가 타깃 정면에 오게 선다. 뒤꿈치와 수직 위치에 어깨와 다트를 위치시킨다. 이 상태에서 어깨 라인과 얼굴 방향을 고정하고 세 발을 던질 때까지 움직이지 않으면 안정적으로 던질 수 있다.

클로즈 스탠스는 양쪽 어깨를 이은 라인이 보드와 직각이다. 목을 90도 비틀어야 해 처음에는 답답하게 느껴진다. 익숙해지면 방향성은 가장 좋다. 답답하다는 것은 움직임을 최소화했기 때문에 던질 때 흔들림이 적다는 의미다.

미들 스탠스의 단점은 서는 위치와 각도가 언제든 달라질 수 있다는 점. '비스듬하게 선다'는 말 자

체가 기준이 없어 애매하다. 컨디션에 따라 각도가
달라지기도 한다. 초보자는 다트의 스윙 메커니즘
을 이해하기 위해 클로즈 스탠스를 해보길 권한다.

상체를 비스듬히 놓으면 보드를 보기가 좀 낫다.
  클로즈와 미들, 두 스탠스 모두 시도해보고 궁합
이 맞는 쪽으로 자신의 스탠스를 정해보자.

## 스탠스에 따라 달라지는 상체 모양

발 위치와 각도를 잡는 스탠스에 따라 상체 모양도 달라진
다. 보드를 정면으로 바라보는 방법, 대각선으로 바라보는 방
법, 측면으로 바라보는 방법 세 가지가 있다. 발을 어떻게 위
치하느냐에 따라 상반신도 자연스럽게 모양을 갖춘다.

**오픈 스탠스**
가슴이 보드 정면을 바
라본다. 던진 후 상체가
앞으로 쏟아질 수 있다.

**클로즈 스탠스**
가슴이 보드와 직각 방
향이다. 시선, 다트, 목
표점을 맞추기 쉽다.

**미들 스탠스**
가슴이 보드 정면을 대
각선으로 바라본다. 상
체가 가장 편안하다.

**바로 선 자세**
👍 하체가 안정되고
편안하다.
👎 보드가 멀고 집중
도가 떨어진다.

**기울인 자세**
👍 타깃이 가깝고 집
중도가 높다.
👎 다리가 긴장되고
몸이 흔들린다.

# 정확한 셋업에서 원하는 스로가 나온다

셋업에서 중요한 것은 늘 지금 같은 자세로 스로잉을 지속할 수 있는지 여부이다.
그것이 초보와 고수를 가르는 차이가 된다.
견고하고 일관성 있게 셋업을 한다면 잘 던지기 위한 여건은 갖춘 셈이다.

보드 앞에 서서 다트를 쥔 손을 들어올려 던지기 직전 자세를 셋업(set-up)이라고 한다. 스로 과정이라기보다 던지기 위해 모든 준비가 끝난 상태로, 그립과 스탠스와 에이밍을 아우른다.

셋업은 스탠스에 맞춰 편안하게 서는 것부터 시작한다. 디딤발의 무릎을 곧게 펴 흔들리지 않게 서고, 어깨와 허리와 등 근육은 긴장하지 않고 힘을 뺀 편안한 상태여야 한다.

---

**고준 선수의 셋업 들어오는 순서**

❶ 스로 라인 위치를 확인하면서 발을 내민다. 보폭은 어깨 폭과 같거나 넓으면 안정된다.

❷ 스로 라인을 넘지 않게 딛고, 발이 흔들리지 않게 무릎을 곧게 편다. 보드를 보며 자연스럽게 다트를 잡는다.

❸ 뒷발 뒤꿈치를 가볍게 든다. 뒷발은 기울어진 상체를 지탱할 정도로 균형 잡는 역할만 한다.

**POINT** | 셋업 과정이 없는 선수도 있다. 스로 라인에 발을 디딤과 동시에 곧바로 테이크백 동작으로 들어간다. 보드를 바라보면서 스로 라인에 진입하자마자 곧바로 테이크백을 시작한다. 정지 상태 에이밍이 없는 셈이다. 이런 식의 동작은 선수의 특이 스타일이다. 좋은 스로를 위해서는 정석대로 하나씩 배우는 게 좋다.

중요한 것은 디트를 쥔 손과 다깃과 시선을 일직선으로 맞추는 일이다. 키에 따리 디르지민 팔꿈치에서 어깨까지는 바닥과 수평이고, 팔꿈치에서 다트까지 팔 라인은 어느 쪽에서 보나 바닥과 수직이다. 세로 라인을 수직으로 잡으면 다트는 과녁으로 가면서 좌우로 흐트러지지 않는다.

다트는 보드 정면을 향하고, 눈과 타깃을 이은 시선 안에 릴리스 포인트가 있다. 손목을 뒤로 젖혀 손바닥을 위로 하면 다트 끝도 자연스레 기울어진다.

다깃을 보는 시선 안에 팁이 위치해 있음을 확인했으면 셋업은 끝.

다음 차례가 테이크백과 릴리스이기 때문에 팔꿈치가 부드럽게 움직이도록 준비해야 한다.

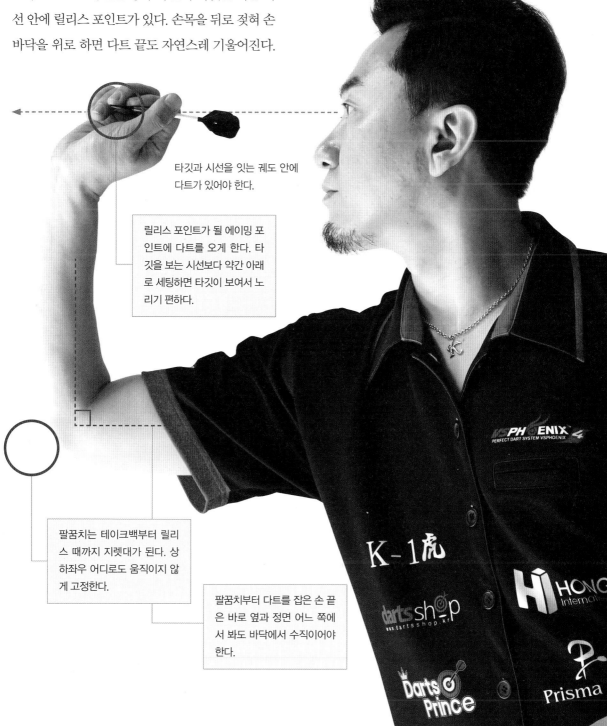

타깃과 시선을 잇는 궤도 안에 다트가 있어야 한다.

릴리스 포인트가 될 에이밍 포인트에 다트를 오게 한다. 타깃을 보는 시선보다 약간 아래로 세팅하면 타깃이 보여서 노리기 편하다.

팔꿈치는 테이크백부터 릴리스 때까지 지렛대가 된다. 상하좌우 어디로도 움직이지 않게 고정한다.

팔꿈치부터 다트를 잡은 손 끝은 바로 옆과 정면 어느 쪽에서 봐도 바닥에서 수직이어야 한다.

# 자신에게 맞는 셋업과 밸런스

토너먼트에 출전해 입상할 정도면 거의 하루를 경기장에서 보내야 한다.
다트도 체력이다. 지치지 않으려면 지치지 않는 셋업을 가져야 한다.
실력 향상을 위해 연습을 할 때도 편안한 셋업은 필수다.

아무리 타고난 재능을 지녔다 해도 노력을 많이 한 사람한테는 못 배긴다. 다트가 특히 그렇다. 실력 향상의 지름길은 연습뿐이다. 셋업 자세가 편하고 자연스럽지 않으면 연습에 시간을 투자하고 싶어도 못한다. 쉽게 지치기 때문이다.

오랜 시간 경기하고도 피곤하지 않다면 '자신에게 맞는 셋업'을 갖고 있다고 봐야 한다. 이를 '밸런스가 좋다'고 표현한다. 좋은 밸런스의 열쇠는 하체를 유지하고 상체를 쓰는 방법에 달렸다.

옆에서 봤을 때 오른쪽 다리 발목과 왼쪽 어깨가 일직선이 되게, 다트와 팔꿈치와 발목의 연결선이 지면과 수직일 때 좋은 밸런스가 나온다. 어깨와 발목 라인을 맞추려면 앞으로 쓰러질 것 같은 모양이 될 수도 있다. 무게중심을 두었던 허리를 뒤로 살짝 빼는 방법으로 몸 중심을 가운데로 유지하면 된다.

두 눈에 힘을 주고 목표지점에 집중하며 살짝 기울이는 자세가 좋은 밸런스에 맞다. '기울인다'는 어감이 흔들림을 허용하는 느낌이지만, 하체가 고정된 상태에서 허리를 굽혀 상체를 보드 쪽으로 미는 이미지를 의미한다. 자세가 편하면 그것이 옳은 자

TIP!

**흔들림 없는 스탠스의 조연, 뒷발**
흔들리지 않는 스탠스를 추구할 때 뒷발을 어디 두느냐도 중요하다. 좌우로 흔들리지 않게 앞발과 밸런스가 잘 잡히는 곳을 찾으면 된다. 그 밸런스는 자신만 안다. 디딤발의 무게중심은 뒤꿈치와 발목의 접한 부분이다. 거기에 체중을 싣고 그 수직선상에 팔꿈치와 다트가 있다. 다트는 몸 정면에 두고, 어깨와 다트의 사이가 너무 벌어져도 안 좋다. 두 다리 폭이 좁아도 흔들리기 쉽다. 어깨너비나 조금 더 넓은 정도가 좋다. 앞에서 봤을 때 발과 다트의 수직 라인으로 전체 밸런스를 조정한다. 앞발에 무게중심을 두고 직선 상에 뒷다리 발가락 끝이 왔을 때 좋은 밸런스가 나온다.

세다. 허리와 어깨 라인에 맞춰 다리 위치를 정하면, 체중은 자연스럽게 분산된다.

'지치지 않는 밸런스'는 스탠스에서 시작한다. 스로 라인에 섰을 때 골반이 탁! 받쳐주는 느낌이 들 때가 있다. 이 느낌이 들어야 안정적으로 섰다는 확신이 든다. 다트는 확신이 들어야 결과물이 좋은, 믿

음이 승패를 좌우하는 멘탈 스포츠이다.

스로 라인에 중심발을 디디면서 발에 힘을 주고 자신의 몸을 비틀어 쥐어짜는 것 같은 의식적인 긴장을 주어 몸이 움직이지 않도록 고정한다. 스로 라인을 밟으며 신경 써서 몸을 틀면 지탱하는 느낌이 짱짱해진다.

보폭과 어깨너비가 같아야 정상이다.

다트의 위치와 다리의 중심 위치를 일직선으로 하여, 좌우의 흔들림을 없앤다.

어깨와 허리 라인에 맞춰 뒷다리의 위치를 결정하면 좋다.

좌우의 밸런스를 맞추려면 뒷발을 두는 위치가 중요하다.

디딤발과 뒷발의 밸런스는 발의 폭이 결정한다.

# 하체를 고정하는 것이 셋업의 기본

어떤 스포츠든 하체가 안정되어야 한다.
특히 선 자세에서 과녁을 겨냥하는 표적 스포츠는 하체를 견고하게 지탱하고 플레이 해야
좋은 결과를 얻을 수 있다. 하체 안정을 통해 상체 움직임을 최대한 줄이자.

다시 말하지만 다트는 몇 번을 던져도 늘 같은 스로 잉을 할 수 있어야 한다. 그래서 미세한 조정이 필요하다. 다트는 정밀한 스포츠이다.

크지 않은 동그란 보드 한가운데 불이 있고, 숫자만 다르지 똑같은 모양이 방사형으로 펼쳐져 있다. 익숙한 불을 기준으로 잡고 조금씩 조정하면 다른 곳도 불을 겨냥하던 때와 마찬가지로 노릴 수 있다. 같은 자세, 같은 힘으로 던졌다면 이론적으로 다트가 꽂힌 곳에 다시 꽂혀야 한다.

하지만 그러한 경우는 드물다. 그만큼 미세한 스포츠라는 얘기다. 스로 라인에 맞춰 놓은 1mm가 보드에 박힐 때는 몇 센티로 바뀌는 게 다트다. 대수롭지 않게 여긴 미묘한 곳에서 크게 어긋날 수 있다.

하체의 중요성을 강조하는 이유가 그것이다. 하체가 단단하게 버텨야 하는 건 어느 스포츠나 진리다. 다트를 잘 던지고 싶다면 새겨들어야 할 포인트는 '던질 때 하체가 움직이지 않아야 한다'는 사실이다. 하체를 안정시켜 상체의 불필요한 움직임을 최대한 줄여야 한다.

**디딤발 무릎은 단단히 고정!**
던질 때는 무릎을 쭉 펴고, 스로잉의 토대가 되는 하체는 움직이지 않는다.

일부 선수는 무게중심이 되는 발의 무릎을 살짝 구부려 두었다가 던질 때 펴는 반동으로 던지기도 한다. 그러면 하체가 기둥 역할을 못하고, 무릎이 펴질 때 틀림없이 몸이 움직인다. 반동을 이용하면 다트는 시원하게 날겠지만, 늘 같은 스로잉을 할 가능성은 사라진다.

다트에서 '절대 하지 말라'는 것은 없다. 자신이 편하다고 생각하고, 하면서 좋은 성적을 올린다면 그것이 정답일 수 있다. 이미 익숙해진 자세를 가진 사람에게는 참견을 말아야 한다. 하지만 몸이 요동칠 정도로 하체를 고정하지 않은 셋업은 말려야 한다. 힘들고 긴 과정이 따르더라도 꼭 고쳐야 한다.

TIP!

앞발은 체중을 싣고 있다

뒷발은 밸런스를 유지한다

8 : 2

**두 발의 힘 분배**
몸무게를 두 발에 어떻게 나눌까. 초보자는 안정되게 앞발 7 뒷발 3 정도로 시작해 8 : 2로 옮겨가고, 몸이 흔들리지 않고도 안정된 샷을 할 수준이라면 9 : 1 정도까지 나눠줄 수 있다. 몸무게를 어떻게 나눠 가지든 디딤발의 무릎을 펴고, 몸무게를 느끼며 견고하게 지탱하여야 한다. 앞발이 몸무게를 많이 가져갈수록 상체가 타깃에 가까워진다. 대신 던진 뒤 폴로스루가 정확하지 않을 수 있다.

✗

**무릎을 구부려 던지면 몸 전체가 움직인다**
던질 때 무릎을 펴는 반동을 사용하여 던지면 몸 전체가 움직인다.

# 에이밍의 기본

'똑바로'라는 말은 수없이 들어도 질리지 않아야 한다.
팔을 똑바로 세우고 똑바로 겨누고 똑바로 던진다.
팔꿈치는 고정하고 상체는 움직이지 않는다.
꼼꼼하게 겨냥하고 매번 똑같이 던지려면 몸 움직임을 최소화한다.

에이밍(aiming)은 말 그대로 목표를 향해 겨냥하는 것이다. 사격에서 표적지를 조준하는 것처럼 움직임이 없는 동작이다.

총은 조준경이 달려 있지만 다트는 순전히 몸만 사용한다. 타깃과 눈 사이에 있는 손이 다트를 직접 잡고 눈으로 조준점을 잡아 겨냥의 정밀도를 높인다.

조준 방법은 눈과 타깃과 다트를 일직선에 맞춘다. 눈의 초점을 보드에 맞추고 다트와 타깃이 일직선이 되게 조정한다. 처음부터 마지막까지 바라보는 것은 타깃이다. 이때 다트는 똑바로 타깃을 향하고 팁을 조금 들어올린다. 정확히 겨눴으면 스로잉 연속 동작으로 들어간다.

조준할 때 줄곧 의식해야 할 것은 '팔을 똑바로 세워 겨누고 똑바로 던지는 것'이다. '똑바로'의 기준은 셋업 상태를 정면에서 봤을 때, 팔꿈치에서 손 끝까지가 지면과 수직인 상태를 말한다. 팔꿈치와 다트 팁을 잇는 라인과 20과 3을 잇는 보드의 세로 라인이 겹친다.

초보자가 팔을 수직으로 세워 겨냥하는 건 쉽지 않다. 몸이 뒤틀리기도 한다. 맨눈으로 보면 반듯하지만 실제는 아닐 수 있다. 거울을 보면서 유연하게 자세를 취하는 연습을 끊임없이 해서, 몸 형태를 자연스럽게 길들이길 바란다. 눈을 감고 팔을 휘둘러도 세로 라인이 흔들리지 않을 때까지 연습해보자.

## 에이밍 때 조심해야 할 것들

어떻게 하면 흔들리지 않고 목표물을 겨눌 수 있을까. 몇 번을 던져도 폼이 일정한 비결은 무엇일까. 보드를 향한 시선으로 다트 위치를 조정할 때 팔꿈치와 어깨, 턱이 중요하다. 이 세 곳이 늘 같은 형태를 유지하면 스로잉 과정에서도 흐트러짐이 적다. 에이밍은 크게 숨을 쉬어서도 안 될 만큼 정밀한 작업이다.

**팔꿈치는 보드를 향해 똑바로**

보드를 향해 팔꿈치를 똑바로 내민다. 바닥부터 불까지는 173cm. 플레이어의 키에 맞춰 팔꿈치 각도를 조절한다. 스로잉 할 때 팔꿈치가 움직이면 같은 힘과 같은 각도로 던져도 목표지점이 틀어진다.

**어깨에 힘이 들어갔어요**

어떤 운동이든 몸 어딘가에 힘이 들어가면 원하던 것과 틀어진다. 팔과 어깨의 힘을 빼야 한다. 다트는 폼이 한결같아야 한다. 어깻죽지가 올라가거나 비스듬하면 다트가 제멋대로 날아가는 원인이 된다.

**턱을 어깨쪽으로 당겨야 해요**

팔꿈치와 어깨와 턱을 보드와 일직선이 되게 하면 다트와 눈의 위치가 정해진다. 그러려면 어깨와 턱의 위치가 가까워야 한다. 턱을 들지 말고 자연스럽게 앞쪽으로 당겨 보드를 바라본다.

**곁눈질하지 말아요**

고개는 돌리지 않고 눈으로만 보는 동작은 피한다. 이는 자신의 자세로 완성된 것이라기보다 초점이 잘 잡힌 경험 때문에 버릇으로 굳어졌을 것이다. 목 부상이 있는 게 아니라면 보드 방향으로 고개를 돌리고 편안하게 던져야 한다.

# 타깃 위치와 에이밍 방법

어느 곳에 꽂히기를 바라고 그곳을 향해 겨누는 일. 에이밍은 셋업 과정이다.
셋업과 동시에 이루어지기 때문에 굳이 에이밍이란 말을 쓰지 않아도 된다.
셋업의 끝이자 스로잉 첫 지점이 에이밍이다.

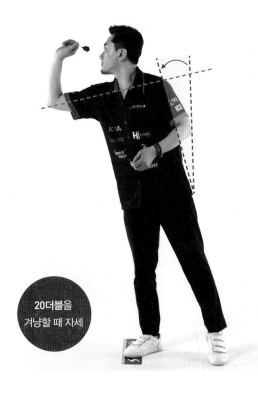

20더블을
겨냥할 때 자세

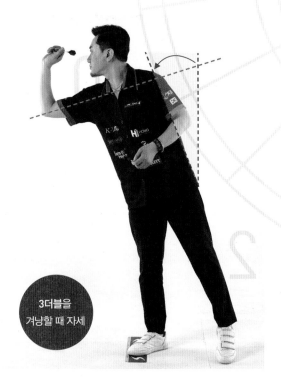

3더블을
겨냥할 때 자세

어느 타깃을 겨냥하더라도 스로잉 방법 자체는 변하지 않는다. 위쪽 20더블이나 아래쪽 3더블을 겨냥할 때나 같은 방법으로 조준한다. 다만 몸의 움직임으로 방향을 조절한다.

에이밍을 한 상태에서 목표지점을 바꿀 때 허리를 기준으로 움직이면 정확도가 높다. 불 겨냥을 기준으로 맞춰 두었던 허리를 굽히거나 펴고, 좌우 방향으로 몸통을 조절하여 조준점을 잡아 몸 움직임

**정상적 겨누기**
시선과 과녁, 팔꿈치,
손목 각도가 일직선에 놓여 있다.
이렇게 겨냥한 셋업 자세를
그대로 유지하고 몸통만
좌우로 움직여 던진다.

을 최소화한다. 양끝을 노릴 때 허리를 좌우로 살짝 움직여 맞춘다. 고개와 팔꿈치만 움직이는 게 아니라 상체를 통으로 움직인다. 발의 각도, 즉 스탠스를 바꿔 던지는 방법도 있는데, 리듬을 잃을 수 있으니 주의한다.

높이가 다른 타깃은 허리 각도로 조절한다. 어깨와 팔꿈치는 그대로 하고 허리를 펴거나 굽혀서 다트가 위나 아래를 향하게 한다. 위쪽을 노린다고 해서 팔꿈치를 들거나 어깨를 올리면 안 된다. 팔부터 어깨의 위치 관계만 유지하면 불을 던지던 자세로 던질 수 있다.

맨 위 20더블을 노릴 때는 눈과 다트 끝에 20더블이 오게 조준한다. 불을 노릴 때처럼 팔꿈치와 손목 위치는 똑같다. 허리를 정밀하게 일으켜 맞춘다. 어깨를 올리면 팔꿈치와 손목 위치도 덩달아 변해서 조절을 다시 해야 한다.

19더블이나 3더블을 겨냥할 때도 마찬가지. 어깨를 내리거나 다트 끝을 아래로 향하지 말고 불을 노릴 때 같은 폼을 유지한다. 허리를 조금 굽히고 3더블에 맞추어 조절한다.

**우측 편향**
처음 겨냥했던 곳보다 오른쪽으로 날아간다.

**좌측 편향**
처음 겨냥했던 곳보다 왼쪽으로 날아간다.

# 키 차이에 따른 에이밍 방법

바닥에서 불까지 높이는 173cm. 키가 180cm 정도면 시선이 불과 일직선이고
팔꿈치는 바닥과 거의 평행이다. 키가 작은 플레이어는 조금 올려다 보면서 던진다.
미세한 차이지만 던지는 방법이 변할까?

키가 크고 작은 차이에 따라 목표를 노리는 방법이
차이가 날까? 결론은, 크게 다를 게 없다. 20더블
과 3더블을 노릴 때 던지는 방법을 바꾸지 않는
것과 마찬가지.

키가 큰 사람은 위에서 밑으로 던지기 때문
에 어깨 부담이 적어 힘이 덜 든다. 팔 길이가
길면 테이크백과 릴리스를 길게 유지할 수 있
어서 좋다. 보드와 최대한 가까운 지점에서
릴리스 하기 때문에 정확성이 높다.

키가 작으면 불리하긴 하다. 중력을 거슬러 던지
기 때문에 다트가 날아가는 거리를 길게 잡아야 한
다. 큰 사람에 비해 체력 소모도 크다. 하지만 초대
형 거인이 아니라면 신장 차이로 유불리를 따질 만
큼 심각한 차이는 없다.

불까지 높이는 173cm. 하지만 던지는 사람은
150cm도 있고 190cm도 있다. 신체 조건에 따라 셋
업과 릴리스를 결정하는 방법이 다르다. 키에 맞게
셋업과 릴리스를 조정해보자.

## 불 높이보다 시선이 낮다면

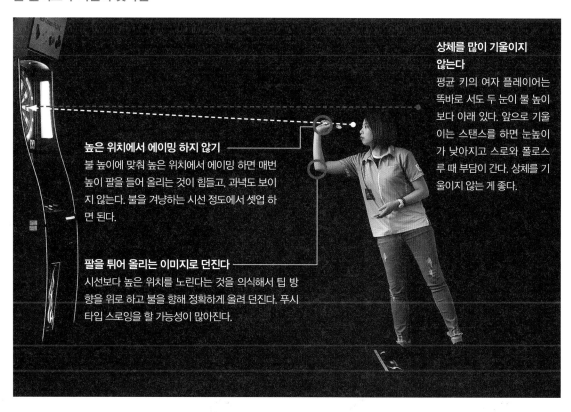

**상체를 많이 기울이지 않는다**
평균 키의 여자 플레이어는 똑바로 서도 두 눈이 불 높이보다 아래 있다. 앞으로 기울이는 스탠스를 하면 눈높이가 낮아지고 스로와 폴로스루 때 부담이 간다. 상체를 기울이지 않는 게 좋다.

**높은 위치에서 에이밍 하지 않기**
불 높이에 맞춰 높은 위치에서 에이밍 하면 매번 높이 팔을 들어 올리는 것이 힘들고, 과녁도 보이지 않는다. 불을 겨냥하는 시선 정도에서 셋업 하면 된다.

**팔을 튀어 올리는 이미지로 던진다**
시선보다 높은 위치를 노린다는 것을 의식해서 팁 방향을 위로 하고 불을 향해 정확하게 올려 던진다. 푸시 타입 스로잉을 할 가능성이 많아진다.

## 불 높이와 거의 비슷하다면

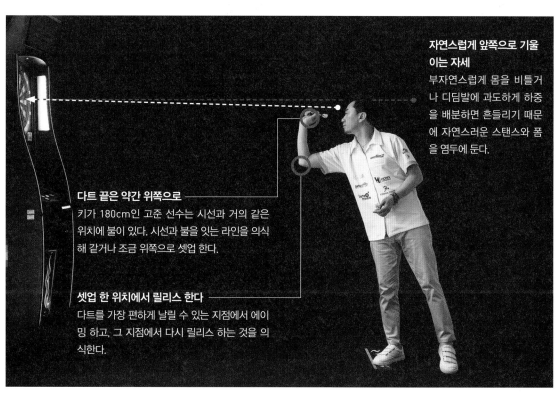

**자연스럽게 앞쪽으로 기울이는 자세**
부자연스럽게 몸을 비틀거나 디딤발에 과도하게 하중을 배분하면 흔들리기 때문에 자연스러운 스탠스와 폼을 염두에 둔다.

**다트 끝은 약간 위쪽으로**
키가 180cm인 고준 선수는 시선과 거의 같은 위치에 불이 있다. 시선과 불을 잇는 라인을 의식해 같거나 조금 위쪽으로 셋업 한다.

**셋업 한 위치에서 릴리스 한다**
다트를 가장 편하게 날릴 수 있는 지점에서 에이밍 하고, 그 지점에서 다시 릴리스 하는 것을 의식한다.

# 목표지점과 스탠스 위치

다트는 상하좌우 겨냥하는 위치에 따라 던지는 거리감이 조금씩 변한다.
정면에서 불에 던지는 것이 연습의 기본.
달라지는 거리와 힘의 세기를 양끝이 벌어진 구역을 노릴 때 적용할 수 있다.

### 한 곳에서 방향만 바꿔 던지기

D6 겨누기

불 겨누기

D11 겨누기

**타깃을 향해 발 방향만 바꿀 뿐, 처음 스탠스 위치는 바꾸지 않는다.**

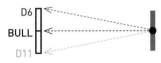

 3발을 연속해 던지는 리듬을 유지할 수 있다.

 거리와 힘 조절을 던질 때마다 바꿔야 한다.

보드 좌우 끝을 노릴 때 처음 선 자리에서 타깃 방향으로 몸통만 움직여 던진다. 이 방식을 선호하는 이유는 몸을 움직이면 리듬이 무너지고 집중력이 흐트러진다는 생각 때문이다.

불을 던지고 나서 11을 조준한다면, 다리 각도를 11 쪽으로 틀고 몸통도 11로 돌린다. 스탠스는 유지하고 타깃에 따라 허리를 좌우로 살짝 움직이는 식으로 몸 움직임을 최소화한다. 작은 차이지만 스탠스를 정확하게 옮겨 딛는 것도 좋은 선택이다.

스로 라인 중앙을 기준으로 양옆은 비스듬하다.

불보다 6더블이나 11디블 거리가 조금 멀다. 가운데서 불을 거냥힐 때와 같은 힘이면 다깃 아래로 다트가 꽂힌다. 기리감이 익숙하지 않은 상테에서 방향민 비꾸면 이런 단점이 있다.

## 위치만 바꿔 그대로 던지기

D6 겨누기

불 겨누기

D11 겨누기

타깃 각도를 바꾸지 않고
서는 위치를 이동한다.

가운데서 던질 때와
거의 같은 거리와 힘을
갖고 던질 수 있다.

리듬과 타이밍, 집중력
이 흐트러질 수 있다.

불 공략 때처럼 던지고 싶으면 스탠스 위치만 옮긴다. 타깃 각도와 거리가 변하지 않기 때문에 항상 같은 이미지로 조준하는 장점이 있다. 위치 이동에 따라 리듬이 끊겨 집중력이 떨어지는 건 단점이다.

정면에서 던지면 보드와 거리가 가장 짧다. 불 연습을 하면서 가장 짧은 거리 감각에 익숙해졌기 때문에 쉬운 선택이다. 귀찮고 리듬을 깨는 방식이지만 세밀하게 플레이한다는 측면에서 시도할 만하다. 3개를 리드미컬하게 던져야 하는데, 1개씩 끊어지는 타이밍이 싫은 사람에겐 권할 수 없다. 집중력도 떨어지니까.

평행이동 방식이 꼭 나쁜 것은 아니다. 어쩌면 선수 취향의 문제일 수도 있다. 이미 던져놓은 다트가 방해가 되어 부딪치지 않게 옆에서 노릴 때 이 방식을 쓴다.

**TIP!** **앞 다트에 가려 안 보일 때는**
발을 이동해 사이드 표적을 노리는 플레이어도 위치를 바꾸지 않고 노릴 때가 있다. 크리켓에서 19와 17은 불을 노리는 위치에서 이동하지 않고 조준한다. 같은 리듬감과 집중력을 위해 그 자리에서 겨냥한다. 같은 위치에서 사이드를 비스듬히 노리는 감각을 길러 두어야 한다. 이미 던진 앞 다트에 가려 같은 구역을 노릴 수 없을 때 평행이동 방법을 쓴다. 예를 들어 해트 트릭을 노릴 때, 앞 두 개에 가려 셋째 발 조준이 힘들다. 이럴 때 스탠스를 조금 옮겨서 겨냥하면 해결책이 나온다.

# 다트 스로잉의 원리

스로잉 때 움직이는 부위는 팔 말고 없다. 팔꿈치 축만 의식하는 스로잉.
의식하지 않고 할 수 있을 때까지 던져보자.
의식하지 말라는 얘기는 그럴 수 있을 때까지 의식하면서 연습하라는 뜻이다.

스로 라인에 디딤발 무릎을 곧게 펴고 서서, 다트를 시선에 넣고 팔꿈치를 곧게 세워 표적을 본다. 손에 잡은 다트를 뒤로 당긴 다음 부드럽게 다시 앞으로 내밀며 다트를 손에서 놓는다. 그리고 목표지점으로 팔을 뻗는 폴로스루까지 이어지는 흐름을 '스로잉'(throwing)이라고 한다.

야구나 축구, 럭비, 핸드볼에도 스로잉이 있다. 이들 종목에서 스로잉은 볼을 빠른 속도로 정확히 멀리 보내는 동작이다. 보통 공을 가진 손이 어깨 뒤로 넘어간다. 하지만 다트는 속도나 거리보다 정확성을 우선하는 운동이다.

정확성을 위해 팔꿈치를 운동 축으로 사용한다. 속도와 거리를 내고 싶다고 야구 하듯이 던지면 안 된다. 스로 라인에서 보드까지 거리가 짧기 때문에 웬만하면 다 들어간다. 초보자는 '팔꿈치를 고정하고 던지는' 방법부터 몸에 익혀야 한다.

다트 스로잉은 축을 의식하고 뒤로 당기면서 힘을 모아, 팔꿈치를 위로 올리면서 모았던 힘을 다트에 전달한다. 어깨에서 팔꿈치까지, 팔꿈치에서 손목까지 2개 축을 만들어 보드에 똑바로 대응해 던지면 라인 이미지를 알기 쉽다. 팔이 움직이는 경로를 따라 곧은 라인을 만들고, 그 라인에서 팔꿈치가 위로 튕겨져 다트가 손에서 떠난다.

이 과정에서 손목에 힘을 넣어 던지는 플레이어가 있는데, 그러면 일관성을 갖기 어렵다. 손목을 사용하는 타이밍과 힘의 세기를 늘 일정하게 하는 건 기대할 수 없다.

꼼꼼하게 겨냥하거나 매번 똑같은 스로를 하려면 몸 움직임을 최소화해야 한다. 상체에서 움직이는 것은 팔뿐이다. 팔꿈치에서 손끝까지만 사용해 다트를 던지는 움직임을 몸에 익혀야 한다. 그런 다음에 힘 조절과 거리감을 배운다.

**스로**
최초 셋업 위치로 다시 가는
이미지로 팔을 흔든다.

**셋업**
팔꿈치 축을 미릿속에 세긴다.

**테이크백**
축을 고정한 채 손목을
젖혀 똑바로 당긴다.

**TIP!**

**셋업 전 헛스윙, 목적을 확실히!**
본격적인 셋업을 시작하기 전에 스로잉 동
작을 몇 번 해보는 사람이 있다. 릴리스 타
이밍과 스로잉 스피드를 재보는 방법이다. 또한 이 동작으로
이미지 라인을 찾기도 한다. 타깃을 보고 허공에 그려둔 중간
지점을 통과해 날아갈 것이라는 상상을 하며 던지는 시늉을
한다.
　하지만 지나치면 역효과가 나고, 별 생각 없이 하는 헛스윙
은 해롭다. 스로잉이 무너지는 원인이 될 수 있다. 하려면 확
실히 하고 그러지 않을 바엔 하지 않는 게 낫다.

# THROW 2

# 스로잉의 리듬과 템포

생각 없이 휙휙 던져도 루틴이 있다면 그것은 리듬이다.
자기만의 리듬. 리듬은 박자다. 하나~ 두울~ 셋! 처음에는 억지로라도 붙여서 던져보자.
자신을 타이르며 던지고, 박자를 맞춰 던지는 것에 익숙해져야 한다.

한 라운드에 3개의 다트를 던지고 상대와 차례를 바꾼다. 1스로 하는 동안 각 다트를 똑같이 움직이고 똑같은 힘으로 던졌다고 생각한다. 하지만 기계가 아닌 인간이 그렇게 하기는 어렵다. 기계처럼 던지고 싶을 뿐이다.

스포츠에서 최상의 운동 능력을 발휘하기 위해 만든 자신만의 고유 동작이 있다. 어떤 목표를 수행하기 위해 만든 하나로 이어지는 명령을 루틴(routine)이라고 한다. 특히 골프나 야구 선수들이 대부분 '프리샷 루틴'을 갖고 있다. 다트도 습관적이고 규칙적인 절차를 만들어 던지면 좋다.

아마추어 경기는 스로 라인을 밟은 뒤 3발을 던질 때까지 시간 제한이 없다. 프로 경기는 40초 제한을 둔다. 다트를 던지는 데 제 아무리 신중해도 20초면 충분하다.

미리 익힌 방향과 순서대로 몸을 움직여보자. 예를 들면 이렇다. 서 있는 곳에서 딱 네 걸음 걸어 스로 라인에 발을 딛고 헛스윙 동작을 두 번 한 다음

## 고준 선수의 1스로 첫 발 리듬

❶ 다트를 손에 쥐고 스로 라인에 들어선다.
❷ 라인에 맞춰 중심축이 되는 발 위치를 정한다.
❸ 표적을 보며 그립을 정한다.
❹ 셋업 자세를 취한다.
❺ 테이크백의 맨 끝 지점까지 온다.
❻ 다트를 밀어낸다.
❼ 표적 방향으로 팔을 쭉 뻗는다.

46

다트를 잡는다. 엄지와 검지로 배럴을 두 번 휘리릭 돌려 다잡는다. 곧바로 하나에 셋업을, 둘에 뒤로 당기고, 셋에 다트를 놓는다.

에이밍부터 폴로스루까지 시간은 일정해야 한다. 자세를 취하기까지 시간은 제각각이라도 뒤로 당기는 시간부터 내보내는 시간은 같아야 한다. 3발을 던지는 간격도 같아야 한다. 이것이 리듬이다. 같은 타깃을 노릴 때는 더더욱 같은 템포여야 한다. 01 게임처럼 불을 자주 노리는 게임이나, 크리켓의 쓰리 인 어 베드라면 템포가 생명이다.

 **독특한 리듬의 상대와 겨룰 때는**

토너먼트에 출전했을 때 상대의 행동에 따라 리듬이 깨지는 경우가 있다. 에이밍이 유난히 길거나, 다트를 뽑고 돌아오는 시간이 너무 긴 경우, 스로잉 리듬 자체가 매우 빠르거나 늦은 사람과 대결하면 내 페이스가 흐트러질 수 있다. 그런 독특한 리듬을 가진 상대와 대결할 때는 나도 서두를 필요 없다. 평소의 리듬을 유지하기 위해 상대가 완전히 빠져나온 후 평소 페이스대로 스로 라인에 들어간다. 느린 것보다 급할 때 템포가 흔들린다.

# 다트 궤도 이미지화 하기

고수들은 '라인을 본다'고 말한다. 아무것도 없는데 무슨 라인을 본다는 걸까.
라인이란 '다트 궤도'를 말한다. 다트가 손을 떠나 보드에 닿기까지 궤적 말이다.
내 스로잉 패턴에 따라 라인을 그리고 그 안에 다트를 넣어보자.

**4**

다트가 날아가면서 남긴 보이지 않는 흔적. 그 짧은 순간 다트 궤적을 눈으로 읽어야 한다. 똑같은 스피드로 똑같은 동작을 한다면 몇 번을 던져도 같은 궤도로 날아가야 정상이다. 내 다트가 어떻게 날아가 보드에 닿는지, 다트가 가는 길을 하나의 라인으로 연결한 것처럼 이미지화할 수 있다.

비행 라인은 자신이 만든다. 늘 같은 폼을 유지해야 라인을 알 수 있다. 일단 팔이 라인을 형성해야 다트가 날면서 라인을 그린다. 팔 사용법부터 알고, 어떻게 던져서 어디에 꽂히는지 한 발 한 발 자신의 다트를 보고 파악하자. 내 스로잉 패턴을 아는 게 우선이고 그 던지기를 이미지화해서 조준하고 팔을 움직여야 한다.

다트는 완만한 포물선을 그리며 난다. 옆에서 보면 순식간이라 직선으로 보일 수 있지만 포물선이다. 당연히 이미지도 곡선으로 만들고, 그 라인에 다트를 실어 보낸다고 생각하자. 다트가 라인에 얹어져 따라가는 이미지를 그린다.

두꺼운 파이프라인을 연결한 이미지를 떠올려보자. 불을 노린다면 불의 지름과 같은 굵기의 가상 파이프를 눈과 연결해서, 그 파이프 안으로 다트가 통과하는 상상을 해본다. 조준한 곳을 향하여 파이프 속에서 팁과 플라이트가 꼬리에 꼬리를 물고 목표 지점으로 향해 가는 느낌이다.

컨디션이 좋을 때는 보내려는 방향으로 손만 뻗어도 다 들어갈 것 같다. 손의 라인에 다트의 라인이 따라와서 원하는 방향으로 릴리스 하면 다트가 그곳으로 자동으로 들어간다는 이미지를 머릿속에 그려보자.

라인을 보는 열쇠는 시야에 있다. 테이크백을 거쳐 릴리스 때까지 다트를 눈에서 놓지 말아야 한다. 릴리스는 던지는 동작의 끝이 아니고 테이크백 한 뒤 팔을 뻗는 시작점이라고 생각하자. 거기부터 다트를 보아야 라인을 읽을 수 있다. 테이크백 각도가 너무 커서 다트를 시야에서 사라지게 하면 불리하다.

스마트폰의 슬로우모션 촬영 기능을 활용하면 눈에 그렸던 이미지가 현실로 보이므로 연습에 활용해보자.

**이상적인 궤도를 이미지화한다**

▶ 다트가 도망가지 않게 내 눈 안에 묶어 두라.

▶ 시야에서 다트를 지우지 않는 것이 비결이다.

▶ 예쁜 포물선 궤도는 안정된 폼이 만들어낸다.

▶ 던지는 스타트 포인트를 파악하고 자신의 라인을 확인하자.

**포인트**
팔이 라인을 따라가면
다트도 라인을 따라간다!

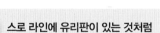

**TIP!**

**스로 라인에 유리판이 있는 것처럼**
세로 라인의 이미지를 그릴 때, 직각으로 세 운 팔과 20-불-3을 잇는 라인을 바닥까지 연장해 긴 널빤지, 마치 유리판이 있는 것처럼 상상하는 방법 도 있다. 그 유리판 두께 위에 다트와 팔꿈치와 손목이 있다. 유리판 옆으로 벗어나지 않는 직선 이미지, 똑바른 것을 강조 한다. 그렇게 보드를 향한 세로 라인이 정해졌으면 높이는 감 각을 살려서 맞춰야 한다. 높이는 이미지가 아니다. 타깃 높 이에 따라 던지는 거리와 힘, 타이밍을 잡아내는 감각은 부단 한 연습으로 터득해야 한다.

# 고준 선수의 스로잉 체크 포인트

**셋업**

미들 스탠스를 하며, 오른쪽 다리에 무게중심을 80퍼센트 정도로 주고 선다. 상체를 보드 쪽으로 많이 내미는 편인데 샷을 한 뒤 하체가 흔들리지 않게 고정한다. 어깨와 팔목 힘을 최대한 풀고 항상 일정한 곳을 겨냥한다. 어깨와 팔꿈치에서 손으로 올라가는 각도는 80도 정도 유지한다.

**테이크백**

뒤로 당길 때 너무 빠르게 빼서 팔이 흔들리지 않게 조심하고, 항상 일정한 간격과 속도를 유지하며 당긴다. 사람마다 저마다 버릇이 있겠지만, 손이 오른쪽 볼을 스치듯이 당긴다. 이때 팔꿈치가 떨어지지 않게 유의한다. 플라이트 끝이 어깨에 닿을 만큼 테이크백 정도가 너무 깊은 특징이 있다.

## 스로잉 사전 점검표

| 셋업 | 테이크백 | 릴리스 | 폴로스루 |
|---|---|---|---|
| ☐ 다트를 셋업 하는 위치 | ☐ 뒤로 끌어당기는 정도 | ☐ 손을 떼는 타이밍 | ☐ 팔을 뻗는 방향 |
| ☐ 두 발 폭과 발 각도 | ☐ 끌어당기는 방향 | ☐ 테이크백부터 다트 움직임 | ☐ 폴로스루 때 팔 형태 |
| ☐ 그립과 다트 방향 | ☐ 끌어당기는 타이밍과 속도 | ☐ 다트를 놓는 타이밍 | ☐ 던진 뒤 손가락 모양 |
| ☐ 손목 각도 | ☐ 팔꿈치 위치 | ☐ 손목 움직임 | |
| ☐ 팔꿈치 각도와 높이 | | | |

### 릴리스
스로잉 방법은 스윙과 푸시 두 가지로 나누는데, 부드러운 스윙보다 푸시로 강하게 던지는 타입이다. 그래서 릴리스를 최대한 늦게까지 가져가 끝에서 미는 방법을 선호한다. 릴리스 때 다트를 오래 갖고 있으면 타깃 적중률이 높긴 하지만 자칫하면 겨눴던 곳보다 아래쪽에 맞을 우려도 있다.

### 폴로스루
폴로스루를 보면 팔목에 힘을 풀고 던졌는지 힘이 많이 들어갔는지 알 수 있어서 에이밍 때부터 신경을 쓴다. 항상 일정한 모습으로 마무리하는 것도 중요하지만, 그것에 너무 신경 쓰다 보면 릴리스 타이밍이 불규칙해져 크게 염두에 두지 않고 던지는 편이다.

# 테이크백 의식하지 않기

팔꿈치를 고정하고 뒤로 곧게 빼야 에이밍 했던 그대로 던질 수 있다.
당기는 거리는 일정하고 빼는 속도도 같아야 한다.
테이크백이 안정되려면 되풀이 연습밖에 없다.
그 다음부터 테이크백은 의식하지 않아도 된다.

다트를 앞으로 보내려면 힘을 모으는 과정이 필요하다. 겨눈 상태에서 움직이지 않고 그대로 밀어낼 수도 있지만 좋은 방법은 아니다. 던지는 추진력을 얻기 위해 뒤로 잠시 당기는데 이 동작을 테이크백(take back)이라고 한다.

스로잉의 기본은 타깃을 향해 직선으로 날리는 것이다. 에이밍→테이크백→릴리스 각 지점이 타깃을 향해 직선으로 이어져 어긋나지 않아야 한다. 팔을 똑바르게 뒤로 빼는 과정부터 시작한다. 테이크백부터 릴리스가 끝날 때까지 팔꿈치 높이는 고정하고 팔만 움직인다.

다트를 눈 안에서 벗어나지 않게 하고 어디까지 당길지, 어느 정도 속도로 당길지 확인하면서 움직인다. 의식적으로 빨리 빼거나 늦게 빼도 힘이 들어간다. 시야에서 사라질 만큼 너무 많이 빼면 릴리스 포인트까지 가는 길이 흔들려 맞춰놨던 목표물이 흐트러진다. 당기는 속도가 빨라도 팔이 좌우로 흔들린다. 팔의 움직임을 최소화하면 겨냥이 어긋날 확률이 낮다. 그래서 테이크백을 불필요한 동작이

라고 말하는 사람도 있다. 테이크백을 하지 않고 셋업 상태에서 곧바로 미는 사람이 있는 건 그 때문이다. 그렇다고 이 과정을 없앨 수는 없다.

테이크백이 없다고 말하지만, 본능적으로 미세하게 뒤로 당긴다. 필요한 동력을 다른 곳에서 찾으려다 몸을 쓰면서 다트가 흔들리는 것이다. 테이크백은 정상적으로 하고, 힘을 완전히 뺀 상태로 팔을 밀어도 다트가 궤도를 이탈할 수 있다.

뒤로 잘 당기다가 멈추는 끝 지점에서 삐뚤어질 때도 있다. 초보자는 테이크백 최저점으로 갈수록 바깥쪽으로 치우치기도 한다. 다트가 얼굴에 닿는 것을 걱정하기 때문에. 매번 같은 위치로 당기려면 기준을 정한다. 예를 들어, 플라이트가 턱에 살짝 닿도록… 볼 끝을 살짝 스치게… 같은 자신만의 기준을 만들면 좋다.

테이크백은 어떤 스로잉 과정보다 본능적이다. 팔을 흔들지 않고 걸으면 자세도 어색하고 추진력이 안 생기는 것처럼 말이다. 뒤로 잠깐 젖혔다 돌아온다는 생각으로 가볍게 한다.

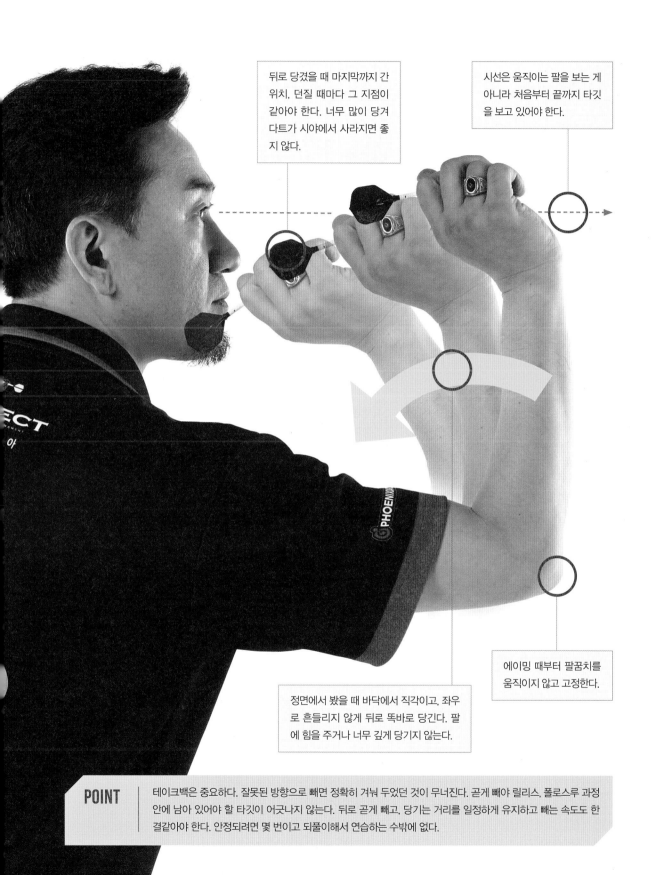

뒤로 당겼을 때 마지막까지 간 위치, 던질 때마다 그 지점이 같아야 한다. 너무 많이 당겨 다트가 시야에서 사라지면 좋지 않다.

시선은 움직이는 팔을 보는 게 아니라 처음부터 끝까지 타깃을 보고 있어야 한다.

에이밍 때부터 팔꿈치를 움직이지 않고 고정한다.

정면에서 봤을 때 바닥에서 직각이고, 좌우로 흔들리지 않게 뒤로 똑바로 당긴다. 팔에 힘을 주거나 너무 깊게 당기지 않는다.

**POINT** | 테이크백은 중요하다. 잘못된 방향으로 빼면 정확히 겨눠 두었던 것이 무너진다. 곧게 빼야 릴리스, 폴로스루 과정 안에 남아 있어야 할 타깃이 어긋나지 않는다. 뒤로 곧게 빼고, 당기는 거리를 일정하게 유지하고 빼는 속도도 한결같아야 한다. 안정되려면 몇 번이고 되풀이해서 연습하는 수밖에 없다.

# 테이크백과 릴리스 타이밍

스로가 깔끔하지 않은 이유 중 하나는 테이크백을 확실히 정립하지 못했기 때문이다.
테이크백을 이상적으로 실현하려면 무엇이 필요할까.
답은 아마도 '테이크백 자체를 의식하지 않는 것'일 수 있다.

다트는 멘탈 게임이다. 뭔가 해보려고 자꾸 되뇌면 그 자체가 신경 쓰인다. 앞 장에서 다뤘듯이 테이크백은 아예 신경 쓰지 않고 무의식으로 하는 게 좋을 수도 있다. '목표지점에 어떻게든 넣고 싶다'는 생각이 간절할수록 신중해지기 마련이다.

다트에 힘을 주거나 강하게 날리려는 욕심에 테이크백이 깊어지거나 팔꿈치가 움직일 수 있다. 과도하게 잘하고 싶은 욕심이 실패를 부르는 원인이다.

어떻게 하면 무리 없는 테이크백을 할 수 있을까. 릴렉스한 상태에서 팔꿈치만 살짝 접는 느낌으로, 같은 지점까지 같은 속도로 당긴다. 안 그러면 타이밍이 어긋나고 몸이 움직인다. 반복적으로 스로잉하다 보면 나의 테이크백 최저 깊이를 알게 된다. 그것은 몇 번을 던지더라도 늘 같아야 한다. 팔꿈치 축을 의식하고 좌우로 흔들지만 않으면 지나치게 당기는 버릇은 사라진다.

테이크백은 다트를 날리기 위한 힘을 저장하는 과정이 아니라, 릴리스 타이밍을 가늠하기 위한 동작이라고 생각하면 좋다. 힘을 모은다고 생각하니 힘이 들어간다. 부드러운 테이크백을 권한다.

**POINT**

**테이크백 자체를 의식하지 말라**
테이크백은 던지기 위한 힘을 비축하는 게 아니라, 표적을 향해 손을 내미는 타이밍을 잡기 위한 동작이다.

**강하게 날리려고 하지 말라**
그렇게 생각하면 의식적으로 깊이 당겨져 팔꿈치 고정이 풀릴 수 있다.

**이미 날아간 것을 생각하지 말라**
'첫 발은 좋았는데…'처럼 머리 복잡하게 생각하지 말자. 계속 반복해서 던지면 몸이 기억한다.

## CHECK 1
몇 번을 던져도 늘 내가 정해놓은 같은 깊이로 당겨야 타이밍이 일정하고 몸이 움직이지 않는다.

## CHECK 2
반복해서 던지면 자신의 테이크백 가장 끝 지점을 알 수 있다.

## CHECK 3
팔꿈치가 움직이면 각도가 틀어져 릴리스에 영향을 주면서 타깃이 어긋난다.

**기억 1**
너무 깊이 당기지 않기

**기억 2**
팔을 뒤로 접는 것처럼

**기억 3**
팔꿈치는 상하좌우 고정

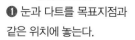

❶ 눈과 다트를 목표지점과 같은 위치에 놓는다.

❷ 팔꿈치를 고정하고 손목을 약간 젖히면서 당기기 시작한다.

❸ 다트가 눈과 어깨를 잇는 라인에서 이동한다.

❹ 원하는 최저점까지 왔으면 거기서 스로잉을 시작한다.

# 테이크백 각도와 에이밍

팔꿈치 높이가 철저하게 고정되어 있다는 가정 아래, 손을 뒤로 당기는 각도가 달라지면
그에 따라 다른 것도 달라진다. 다트에 전달되는 힘이 다르다.
허리 각도를 조절하지 않고 보드의 세로 라인을 공략할 수도 있다.

테이크백을 하는 정도, 팔꿈치를 축으로 팔이 안으로 움직이는 각도를 얼마만큼 할 것인지 문제다. 조금 빼기와 많이 빼기 두 패턴이 있다. 조금과 많이의 차이는 확연히 달라 보일 수도 있고 구분이 뚜렷하지 않을 수도 있다.

팔꿈치가 고정된 상태에서 당기는 정도가 달라지면 다트에 힘을 가하는 방법이 달라지고, 그에 따라 표적을 다른 방법으로 맞힐 수 있다.

조금만 당기면 다트에 힘이 들어간다. 테이크백 과정을 아예 생략하고(물론 미세하게 뒤로 움직이지만)

**다트를 쥔 처음 위치에서 별로 당기지 않는다**

● 다트를 쥔 위치에서 팔을 가볍게 당긴 경우.
  처음과 크게 차이가 없음을 알 수 있다.
● 에이밍이 흐트러지지 않는 느낌은 있지만 힘이
  들어갈 우려가 있다.

셋업 자세

**다트를 쥔 위치에서 깊게 당겨도 상관없다**

● 다트를 쥔 위치에서 팔을 자신의 귀 가까이까
  지 당긴다.
● 힘 있는 다트를 구사하기 좋다. 너무 깊으면 릴
  리스 때 힘 전달이 어려울 수 있다.

던지는 사람도 있는데, 그러면 의식적으로 힘을 넣게 되다는 것은 앞 장에서 말했다. 반대로 많이 당기면 힘 있는 다트를 구사할 수 있다. 너무 많이 당기면 다트가 더 힘차게 날 것 같아도, 힘을 전달하기 더 어렵다는 의견도 있다.

두 방법 모두 연습해보고 자신이 더 자연스럽게 던질 수 있는 방법을 찾으면 된다. 어느 한쪽이 옳고 그른 문제는 아니다. 익숙해지면 된다.

## 테이크백 깊이로 세로줄 에이밍 하기

D20을 시작으로 테이크백 각도를 조절해서 조준한 다음 잘 맞으면 세로 라인을 따라 T20 → BULL → T3 → D3으로 맞혀본다.

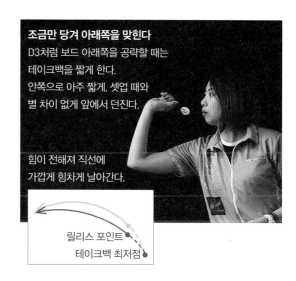

**조금만 당겨 아래쪽을 맞힌다**
D3처럼 보드 아래쪽을 공략할 때는 테이크백을 짧게 한다.
안쪽으로 아주 짧게, 셋업 때와 별 차이 없게 앞에서 던진다.

힘이 전해져 직선에 가깝게 힘차게 날아간다.

릴리스 포인트
테이크백 최저점

20더블을 제대로 맞힐 줄 아는 플레이어는 20트리플, 불, 3더블을 연달아 맞히는 일이 크게 어렵지 않다. 위쪽에 던질 때와 같은 힘으로 던지면 되고, 기본적으로 팔을 직각으로 세우는 셋업을 하기 때문이다.

세로 라인을 따라 위에서 아래로 던질 때는 힘을 넣고 빼는 방식이나 허리 각도를 조절하여 던지는 것이 일반적이다. 테이크백 깊이 차이로 높낮이를 맞추는 방법을 응용해 연습해보면 어떨까. 다트를 아래쪽으로 던지고 싶으면 많이 당기지 않고, 다트를 위쪽으로 던지려고 한다면 더 깊이 당겨 던지는 식이다.

그런 조절을 경기 도중에 하는 건 위험하다. 과정에서 계산을 요구하지만, 경기하면서 이것저것 생각할 겨를이 없다. 충분한 연습 끝에 자연스럽게 나와야 한다. 그렇지 않다면 허리 각도를 조절해 세로 라인을 맞히는 것이 정석이다.

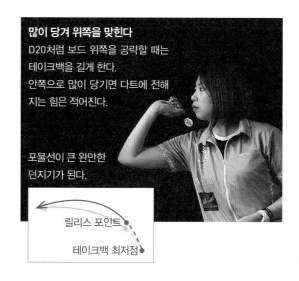

**많이 당겨 위쪽을 맞힌다**
D20처럼 보드 위쪽을 공략할 때는 테이크백을 길게 한다.
안쪽으로 많이 당기면 다트에 전해지는 힘은 적어진다.

포물선이 큰 완만한 던지기가 된다.

릴리스 포인트
테이크백 최저점

# 에이밍 위치에서 릴리스 하기

뒤로 젖혔던 다트를 되돌려 과녁을 향해 내보낸다.
이 과정은 극히 짧은 순간에 이뤄지기 때문에 미세한 움직임이 명중이냐 빗나가느냐를 가른다.
정확성을 받쳐주는 건 내미는 속도와 다트를 쥐는 힘이다.

스윙 과정 중에 다트를 손에서 놓는 동작을 릴리스(release)라고 한다. 타깃을 겨눈 뒤 뒤로 젖혔던 다트를 되돌려 가장 적절한 위치에서 손을 뗀다. 셋업 (에이밍) 했을 때 그 위치, 또는 조금 앞뒤에서 놓는다. 릴리스는 스윙 과정 중 움직임이 가장 빠르다. 워낙 섬세한 동작이라 멘탈 영향을 크게 받는다.

---

### 너무 짧은 순간! 릴리스 전과 후

릴리스 직전

릴리스

릴리스 후

다트의 궤적을 이미지로 떠올려 릴리스 한다. 그립을 풀기 직전의 배럴의 감촉과 릴리스 타이밍을 느끼면서 늘 같은 동작이 되도록 한다. 몸이 움직이지 않게 고정하고 팔꿈치도 신경 쓸 것.

릴리스 직후는 그립이 다트보다 앞에 있다. 릴리스가 움직임 라인에서 행해지고 있기 때문이다. 이 '움직임 속의 릴리스 포인트'를 조금도 틀리지 않게 같은 타이밍으로 하면 타깃 적중률이 높아진다.

폴로스루는 움직임이 이미지한 대로 되었는지 알려준다. 노린 대로 날아가지 않았을 때는 폴로스루도 벗어난다. 흐트러지지 않게 신경 쓰자. 다트의 궤도를 덧그리는 것 같은 이미지를 그리면 된다.

테이크백에서 릴리스까지 힘은 가능한 '최소' 수
준이다. 처음 다트를 쥐었을 때와 같은 힘을 릴리스
때까지 유지한다. 테이크백 시작부터 릴리스까지는
1초도 안 된다. 이 짧은 시간에 속도와 위치를 조절
하며 손을 떼야 한다.

릴리스 때는 힘을 기하는 게 아니라 '손목에 스냅
을 줄 뿐'이라는 느낌으로 해야 한다. 릴리스 순간
손가락을 뗄 때는 새끼, 약지, 중지 순으로 떼고 엄지
와 검지는 동시에 뗀다. 이 순서대로 떼면 팔이 경직
되지 않고 자연스럽게 떨궈지는 폴로스루가 된다.

엄지와 검지를 맨 나중에 동시
에 뗀다. 이때 손목 스냅을 이
용하면 다트에 스피드를 더할
수 있다.

눈과 타깃을 잇는 라인 위에서
릴리스 한다. 셋업 했던 그 위치
에서 릴리스 하는 걸 연습하면
늘 같은 위치에서 하게 된다.

눈과 타깃을 잇는 라인에 다트
를 실어 보내는 이미지로, 팔
꿈치를 지렛대 삼아 부드럽고
똑바로 움직인다.

팔꿈치는 테이크백에서 릴리스
때까지 절대 움직이지 않는다.

## POINT | 릴리스 때 다트에 힘 전달하기

릴리스 때 스피드를 실어야 다트에 힘이 전해진다. 테이크
백 그립이 그대로 앞으로 옮겨 오면서 릴리스 때 손목을 편
다. 뒤에서 다트를 미는 느낌으로 힘을 정확하게 전달한다.
이때 손가락에 힘이 들어가면 안 된다.

이 자세 전 셋업 할 때 손목을 젖혀야 한다. 셋업 때 손목
각도가 없이 밋밋하면 다트에 힘을 전하기 어렵다. 약간 뒤
로 젖히는 손목 자세여야 하고 그것이 내내 유지되다 릴리
스 때 펴져야 한다.

# 릴리스 포인트와 타깃 적중률

다트 3발을 던지면 모두 들쑥날쑥.
20을 노리고 던졌는데 3쪽으로 떨어지고 17을 노리면 1이나 13에 가서 꽂힌다.
다트가 세로 방향으로 엇갈리는 것은 릴리스 포인트가 늦거나 빠르기 때문이다.

릴리스 포인트는 사람마다 다르고, 최적의 포인트를 눈으로 보면서 익힐 수도 없다. 스스로 그 지점을 찾아야 한다. 최대한 천천히 부드럽게 던지며 연습해야 릴리스 포인트를 찾기 쉽다. 너무 늦거나 빠른 릴리스 포인트라도, 연습을 많이 해서 원하는 곳으로 들어간다면 그것이 자신의 릴리스 포인트가 된다. 단, 손목을 젖히는 각도는 항상 일정해야 한다.

다트의 힘과 방향과 각도는 던지는 사람이 하는 대로 결정된다. 외부 요인은 없다. 릴리스가 어려운 이유는 힘과 방향과 각도가 미세하게 벗어날 수 있기 때문이다. 모든 것은 다트를 놓는 타이밍에 달렸다.

---

### 정상 라인의 릴리스

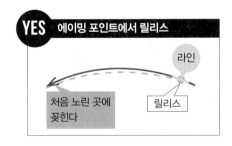

**YES** 에이밍 포인트에서 릴리스

라인

처음 노린 곳에 꽂힌다

릴리스

**처음 셋업 자세로 돌아왔을 때 다트를 놓는다**
이것이 정상적인 릴리스 포인트. 셋업 하고 겨냥했던 지점과 거의 같거나 약간 늦은 지점이다. 그것보다 빠르면 다트가 위로 가고, 늦게 놓으면 아래로 간다. 야구에서 타자의 히팅 포인트가 늦거나 빠르면 좌우로 파울이 나는 것과 같은 이치다.

## 릴리스 포인트가 느릴 때

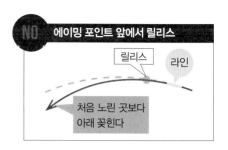

릴리스
라인
처음 노린 곳보다
아래 꽂힌다

### 천천히 하면 보드 가까운 곳에서 다트를 놓을 수 있다

릴리스가 늦다는 건 다트를 가지고 있는 시간이 길다는 뜻이다. 손가락이나 팔의 영향을 받는 시간이 길어져 흔들릴 가능성이 높다. 하지만 보드 가까운 위치에서 다트를 놓기 때문에 거리가 짧아져 적중률이 높아지는 장점이 있다.

## 릴리스 포인트가 빠를 때

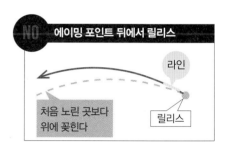

NO 에이밍 포인트 뒤에서 릴리스

라인
처음 노린 곳보다
위에 꽂힌다
릴리스

### 릴리스를 빨리 하면 다트를 갖고 있는 시간이 짧다는 뜻이다

동작에 따른 영향을 최소화할 수 있다. 손을 벗어난 다트가 보드까지 가려면 멀기 때문에 날아가는 거리도 길다. 이 작은 동작으로 방향과 거리감만 확실히 맞힐 수 있다면 몸 흔들림에 따른 실수를 최소화할 수 있다.

---

**POINT**

보통 사람들에게 다트가 어려운 요인 중 하나는 길쭉한 대롱에 날개가 달린 작은 화살을 던져본 경험이 없기 때문이다. 흔하게 하던 공 던지기와 완전히 다른 형태의 던지기다. 야구 투수의 공은 날리는 것이 아니라 던지는 것이다. 다트는 던지기보다는 '날린다'는 이미지로 릴리스 한다. 물수제비를 뜨는 것도 수면 위로 돌을 얇게 날리는 것이다. 하늘로 원반을 날리는 이미지도 비슷하다. 종이비행기를 날릴 때 비행기가 허공에 살짝 솟구친 다음 예쁘게 길게 날아갈 때가 있다. 릴리스 포인트가 빠르지도 늦지도 않고 적절한 타이밍이기 때문이다. 손에서 비행기를 놓았을 때 느낌도 좋았을 것이다. 이런 이미지가 중요하다.

# 최적의 릴리스 포인트 정하기

'다트를 놓는 곳은 바로 여기야!' 하면서 손에서 다트를 떼는 건 어렵다.
매번 던지면서 같은 지점을 의식하기도 쉽지 않다.
최소한의 움직임으로 최소한의 힘을 타깃에 전달하는 릴리스 포인트 결정법을 알아보자.

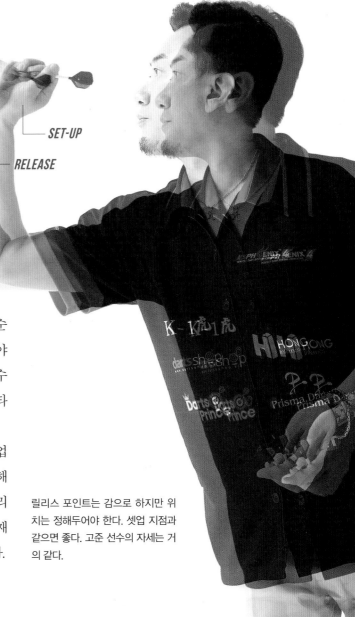

SET-UP

RELEASE

감각으로 다트를 하는 사람이 많다. 처음 배웠을 때 그 감각을 유지하려 한다. 제대로 된 감각이라면 나쁠 건 없다. 하지만 순식간에 이뤄지는 스로잉을 감각에 의존하기는 쉽지 않다. 느낌에 기대면 컨디션 변화에 따라 기준이 달라질 수 있다.

하지만 릴리스만큼은 자세 자체보다 감각이라는 의견이 우세하다. 릴리스는 극히 짧은 순간에 이뤄진다. 릴리스 하면서 '이쯤에서 손을 떼야지!'라고 의식하기도 어렵고 의식해서도 안 된다. 수없이 던져도 같은 릴리스를 하려면 리드미컬한 타이밍을 구사해야 한다.

릴리스 순간 감각을 최대한 살릴 수 있도록 셋업과 테이크백 동작을 확실하게 정의해 폼을 구축해야 한다. 릴리스 포인트는 감각으로 조정한다. 머리로 생각한다고 감각이 아니다. 릴리스만큼은 교재를 읽고 이해하는 게 아니고, 몸으로 기억해야 한다.

릴리스 포인트는 감으로 하지만 위치는 정해두어야 한다. 셋업 지점과 같으면 좋다. 고준 선수의 자세는 거의 같다.

릴리스 포인트는 감으로 잡되, 어디서 할지 확실히 정해두고 하는 건 당연하다. 셋업 했을 때의 키의 같은 지점에서 하면 맞는다. 수없이 던져보고 자신의 구질을 분석한 다음 정해둔 셋업 위치에 돌아왔을 때 다트를 놓으면 좋다.

셋업과 릴리스 포인트는 '타깃과 눈을 연결하는 라인'과 '팔꿈치에서 손목까지 라인'이 거의 직각으로 만나는 위치가 가장 좋다. 물론 키나 신체 구조에 따라 다를 수 있으니 각도는 체형에 따라 편하게 조정한다. 팔을 앞뒤로 흔들었을 때 팁이 움직이는 방향이 목표지점과 눈을 연결하는 라인과 같은 방향이면 다트가 예쁘게 날아간다.

셋업 할 때 팔이 그리는 곡선을 이 라인과 만나는 접점에 맞춰 팔꿈치를 높이거나 낮춘다. 그러면 손과 팔꿈치 위치는 자연스럽게 정해진다. 이 라인에 맞춰 그립한 팔꿈치가 90도에 가까우면, 다트가 겨냥한 방향으로 잘 날아간다.

릴리스 때 몸이 움직이는 부분을 최소화하면 날리고 싶은 방향에 더 많은 힘을 전달할 수 있다. 몸을 최소한으로 움직이는 것이 왜 좋을까? 미스 샷을 줄이기 위해서다.

움직이는 부분이 많으면 신경 써야 할 부위가 늘어나니 실수도 많다. 대부분 스포츠가 하체의 견고함을 강조하는 것은 이 때문이다.

---

### 보드 윗부분을 노릴 때 셋업

불을 노렸을 때보다 팔꿈치 높이가 올라가고, 셋업 하는 손목 위치는 자신 쪽으로 다가와 있는 것을 알 수 있다.

### 보드 아래 부분을 노릴 때 셋업

눈과 불을 연결하는 라인은 수평보다 조금 위 방향. 그 라인에서 셋업 한다.

---

**POINT** | **타깃 높낮이와 릴리스 위치**

20더블이나 19더블처럼 위와 아래 타깃을 노릴 때 릴리스 위치를 앞으로 하거나 손 뻗는 방법을 바꿔서는 안 된다. 타깃이 보드 위든 아래든 타깃과 눈을 잇는 라인은 같다.

테이크백의 젖히는 정도나 릴리스 완급 조절로 목표지점을 바꾸는 것은 숙달하기까지 시간이 필요하고, 컨디션에 영향을 많이 받는다. 그럴 때 허리를 기울이는 방법을 쓰면 상대적으로 쉽다. 이미지화한 다트 궤도의 방향을 그대로 상하로 바꾸면 된다.

중요한 것은 매번 같은 스로잉을 해야 한다는 것. 이렇게 던질 때는 이렇게 날아간다는 기본이 있어야 거리감도 알 수 있다. 매번 같은 스로잉이 가능할 수 있도록 힘의 강약을 몸에 익혀두자.

# 스윙 스로잉과 푸시 스로잉

자기가 어떤 타입의 스로잉을 하는지 모르는 사람도 있고,
관심 없이 두 가지를 혼용하는 사람도 있다. 푸시와 스윙은 별개가 아니다.
양쪽을 적절히 사용하여 서로의 장점을 따라하기 바란다.

### 스윙 타입

팔꿈치를 축으로 팔꿈치 높이를 고정하고
팔을 흔들어 던지는 스타일이다. 다트에 힘
을 빼고, 타깃에 가볍게 떨어트리듯 노린다.
다트를 처음 시작할 때 스윙 타입으로 배우
면 좋다. 몸을 많이 움직이지 않고 팔꿈치만
활용해서 집중력을 키울 수 있다.

스윙 타입은 릴리스 한 뒤 팔꿈치를 그 높
이로 유지하거나 미세하게 내려가는 듯이
팔을 움직인다. 테이크백부터 폴로스루까지
팔의 궤도가 반원을 그리고, 다트 궤적도 상
대적으로 높낮이가 큰 포물선을 그린
다. 좌우로 흩어지는 다트를 던지는
사람은 세로 라인이 안정된 스윙 타
입으로 던지는 게 해결책일 수 있다.

팔을 흔드는 이미지로
던지고, 팔의 궤도가
반원을 그린다.

테이크백, 릴리스, 폴로스루로 이어지는 동작에서 다트를 내보내는 스로잉 동작에는 두 가지 유형이 있다. 처음부터 끝까지 팔꿈치를 지렛대로 고정하고 팔을 흔들어 릴리스 하는 '스윙'(swing) 타입과, 릴리스 할 때 팔꿈치를 위로 튕겨 다트를 밀어내는 '푸시'(push) 타입이다.

두 방식의 특성을 알면 고수로 가는 지름길을 발견할 수도 있다. 두 가지 스로잉 방식의 차이는 어떤 것일까. 스윙 타입은 세로 방향이 안정되고, 푸시 타입은 높이(가로)가 안정된다. 어느 쪽이 좋다고 말할 수 없다. 자신에게 맞는 스윙을 하면 된다.

스윙 타입은 팔 궤도가 반원을 그리면서 목표물을 향해 가볍게 떨어트리는 것처럼 팔을 흔든다. 다트 궤적도 포물선 모양이 나온다. 다트가 좌우로 흩어지는 단점이 있다면 스윙 타입이 적합하다. 푸시 타입은 팔꿈치를 튕겨 올리며 목표점에 직선으로 다트를 보낸다. 던진 다음 몸이 흔들릴 만큼 체력 소모가 많다. 다트가 위아래로 분산되는 플레이어라면 푸시 타입으로 던져볼 것을 제안한다.

두 스타일이 별개라고 생각할 필요는 없다. 팔꿈치를 움직이지 않는 것은 같다. 대부분 플레이어는 스타일 자체를 크게 의식하지 않고 던진다. 가끔 자신도 모르는 사이 스윙과 푸시를 혼용하기도 한다. 양쪽 이미지를 가지고 있으면 나쁠 것은 없다.

## 푸시 타입

스윙형은 팔이 반원을 그린다면, 푸시형은 팔꿈치를 튕겨 다트를 타깃에 우겨 넣듯이 뻗는다. 팔꿈치를 당겨 구부리고 팔꿈치 반동을 이용해 다트를 밀어낸다.

팔꿈치 위치가 아래에 있다가 위로 튕겨 올라가는 느낌으로 타깃을 직선으로 노릴 수 있다. 어깨는 물론 몸 전체가 움직일 만큼 역동적이어서 몸이 앞으로 쏟아지는 느낌도 든다. 힘이 좋아 다트를 멀리 보낼 수 있다.

푸시형은 컨트롤을 중시하는 사람이 선호한다. 릴리스 후에 손가락 끝이 타깃을 향한다. 좌우로는 잘 맞지만 위아래로 흔들리는 사람은 밀어내는 이미지의 푸시 타입으로 던지는 것을 권한다.

타깃을 향해 다트를 우겨 넣듯이 팔을 직선으로 내민다.

# 폴로스루의 기본

폴로스루를 크게 신경 쓰지 않는 플레이어들이 많다.
심하게 말하면 다트가 내 손을 떠나면 그 다음은 어찌되든 상관없다는 식이다.
야구와 골프 선수들이 스윙 과정에서 왜 폴로스루를 중요하게 생각하는지 알면
그러지 못할 것이다.

다트가 손을 떠난 순간 이미 방향이 결정됐다고 생각하는 사람들이 있다. 절대 그렇지 않다. 짧은 시간이지만 폴로스루(follow through)를 제대로 하면 방향성 좋게 직선으로 날아가고 꽂히는 힘이 커진다. 다트를 손에서 놓은 다음 하는 팔 동작이 폴로스루이다.

좋은 폴로스루의 기본은 타깃을 향해 손을 끝까지 뻗는 것. 그러면 팔꿈치 관절이 더 이상 움직이지 않기 때문에 매번 같은 모양을 만들 수 있다. 팔꿈치를 위로 튕기듯 하면서 관절이 펴질 수 있는 끝까지 팔을 뻗는다.

튕긴다는 것을 힘을 넣는 것으로 오해하면 안 된다. 릴리스 직후부터 힘을 빼 손목을 떨구고, 그때까지 유지했던 팔꿈치 높이는 위로 올라가면서 오므려졌던 것이 펴질 뿐이다. 폴로스루가 부드러워야 다트에 효과적으로 힘이 전달되고 원했던 목표지점으로 다트를 보낼 수 있다.

팔을 떨어뜨릴 때 손바닥은 바닥을 보고 있으면 좋다. 던지는 방식에 따라 손바닥이 옆을 보는 플레

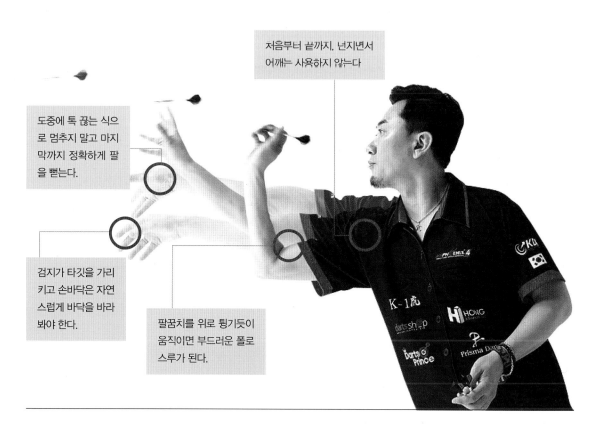

처음부터 끝까지, 던지면서 어깨는 사용하지 않는다

도중에 톡 끊는 식으로 멈추지 말고 마지막까지 정확하게 팔을 뻗는다.

검지가 타깃을 가리키고 손바닥은 자연스럽게 바닥을 바라봐야 한다.

팔꿈치를 위로 튕기듯이 움직이면 부드러운 폴로스루가 된다.

이어도 있다. 푸시형 스로를 하는 플레이어는 손등을 세우는 경우가 많다. 손바닥 모양이 어떻든 여기서도 힘을 빼야 한다는 사실을 잊지 말자. 팔을 너무 힘차게 뻗으면 스로잉 리듬도 끊어지고 부상 위험이 높다.

### 폴로스루는 컨디션의 바로미터

폴로스루는 테이크백과 릴리스의 결과물이다. 폴로스루가 다트 방향을 결정한다고 해서, 이전 과정을 건너뛰고 폴로스루만의 힘으로 마무리할 수는 없다.

릴리스 전부터 팔을 멀리 힘 있게 뻗겠다고 상상하는 것만으로 힘이 들어간다. 폴로스루를 의식해 '억지로 뻗으려고' 하지 말자. 뻗어야지, 뻗어야지 하면 힘이 들어간다. 힘을 푸는 동작인데 오히려 힘이 개입되면 안 된다.

자연스러운 폴로스루를 몸과 머리에 새겨두자.

릴리스가 끝났다고 단정하고 생각 없이 손을 떨구면 안 된다. 뻗을 수 있는 마지막 지점까지 똑바로 팔을 뻗어야 일관된 움직임이 가능하다. 타깃을 향해 똑바로 폴로스루를 하면 보기에도 멋있다.

폴로스루에 너무 얽매일 필요 없다고 말하는 고수들도 있다. 폴로스루는 그저 스윙의 마지막 결과다. 폴로스루가 좋아서 다트가 잘 들어가는 것이 아니라, 던질 때마다 일관성 있는 스로를 했기 때문에 폴로스루 뒤에 팔 형태가 같다는 것이다.

폴로스루는 자신의 컨디션을 파악하는 체크포인트이기도 하다. 손에서 놓은 순간 다트의 진행 방향을 보면 드러난다. 손끝이 진행 방향으로 향한다면 다트는 깔끔하게 날아간다. 평소 같은 셋업으로 던졌는지 아닌지, 팔 움직임이 편한지 둔한지도 다트가 날아가는 모양을 보면 안다. 팔 스피드가 떨어져도 다트가 흔들린다. 다트가 날아가는 모습은 여러 가지를 암시한다.

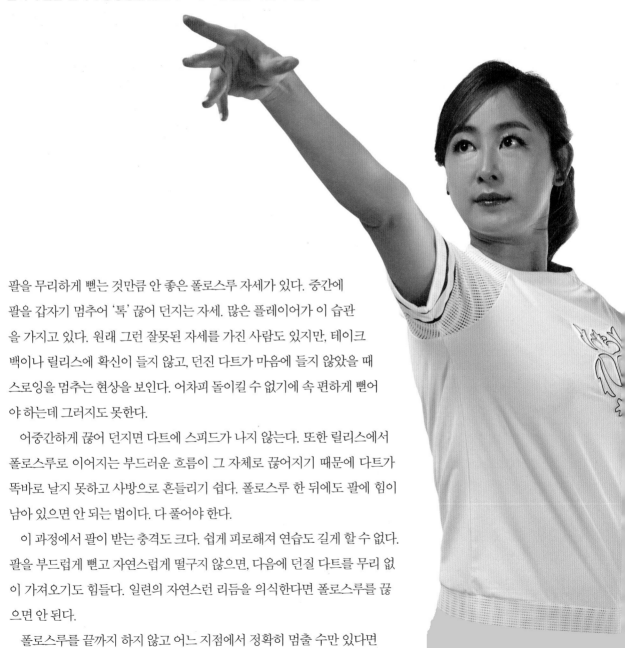

# 타깃을 향해 모든 힘을 풀기

다트가 날아갈 방향은 릴리스에서 이미 끝난 것이라고 생각하는 플레이어가 많다.
그래서 그런지 풀 스윙을 하지 않고 다트를 던지다 마는 듯한 폴로스루를 흔하게 볼 수 있다.
끝까지 팔을 뻗어야 방향성을 담보하고 다트에 힘을 가할 수 있다.

팔을 무리하게 뻗는 것만큼 안 좋은 폴로스루 자세가 있다. 중간에
팔을 갑자기 멈추어 '톡' 끊어 던지는 자세. 많은 플레이어가 이 습관
을 가지고 있다. 원래 그런 잘못된 자세를 가진 사람도 있지만, 테이크
백이나 릴리스에 확신이 들지 않고, 던진 다트가 마음에 들지 않았을 때
스로잉을 멈추는 현상을 보인다. 어차피 돌이킬 수 없기에 속 편하게 뻗어
야 하는데 그러지도 못한다.

어중간하게 끊어 던지면 다트에 스피드가 나지 않는다. 또한 릴리스에서
폴로스루로 이어지는 부드러운 흐름이 그 자체로 끊어지기 때문에 다트가
똑바로 날지 못하고 사방으로 흔들리기 쉽다. 폴로스루 한 뒤에도 팔에 힘이
남아 있으면 안 되는 법이다. 다 풀어야 한다.

이 과정에서 팔이 받는 충격도 크다. 쉽게 피로해져 연습도 길게 할 수 없다.
팔을 부드럽게 뻗고 자연스럽게 떨구지 않으면, 다음에 던질 다트를 무리 없
이 가져오기도 힘들다. 일련의 자연스런 리듬을 의식한다면 폴로스루를 끊
으면 안 된다.

폴로스루를 끝까지 하지 않고 어느 지점에서 정확히 멈출 수만 있다면

이론상 나쁘지 않다. 문제는 그 지점을 몸이 기억하느냐 여부다. 늘 일관성 있는 스로잉을 하려면 스윙 과정마다 같은 조건을 갖추어야 하는데, 항상 같은 위치에서 흔들리지 않고 정확히 멈추는 것은 쉽지 않다.

다트가 내 손을 떠난 순간 어디로 날아갈지 이미 결정되었다고 생각하지 말자. 다트는 쭉 뻗은 손가락이 가리키는 곳으로 날아간다. 팔꿈치는 펴질 때까지 편다.

## 손가락에 힘을 주면 다트는 제 맘대로

폴로스루를 할 때 손목까지 흐름이 자연스럽게 이어져야 한다. 손목 움직임을 의식해 무리하게 스냅을 주는 경우가 있다. 이럴 때 손가락에 힘이 들어가면서 다트가 손에 걸려 방향이 틀어진다. 다트가 틀어져 날아가면 보드에 맞아 튕기기도 한다. 보내고자 하는 방향으로 부드럽게 팔을 뻗어주기만 해도 다트는 똑바로 힘있게 날아간다.

팔꿈치가 셋업 때와 별 다르지 않을 만큼 극단적으로 끊어 던지는 스타일도 있다. 마치 취권의 준비 자세처럼. 이럴 경우 손목을 쓰게 된다. 손목 스냅만으로도 다트는 날아가지만 컨트롤은 잊어야 한다. 손목 스냅을 사용한 릴리스는 금물이다. 세 발을 던지면서 모두 일정한 힘으로 스냅을 살리는 것은 지극히 어렵다.

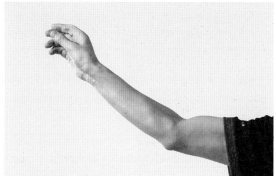

다트가 날아간 뒤에도 손가락에 힘이 들어간 형태. 다트 방향이 틀어져 원하는 곳에 보내기 어렵다.

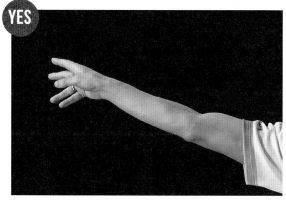

릴리스 뒤 타깃을 향해 손을 똑바로 뻗은 모습(왼쪽)과, 다트를 던진 뒤 자연스럽게 손목을 떨군 모습(오른쪽). 방향성이 좋고 팔의 피로를 더는 좋은 자세이다.

# 폴로스루 때 손가락 모양

릴리스 모습을 위에서 본 적 있는가?
릴리스 때 손가락 모양. 팔을 뻗으면 엄지와 검지 사이가 타깃을 향한다.
엄지와 검지로 그립 하고 방향을 잡았기 때문에 당연하다. 타깃이 불이라면 불을 향해 있어야 한다.

톱 플레이어의 폴로스루는 손 끝과 타깃이 실로 연결된 것처럼 보인다. 폴로스루 때 시선은 여전히 타깃을 바라보고, 뻗은 손끝은 타깃을 가리키고 있어

야 한다. 불을 겨냥했으면 불을 향한다. 20트리플이라면 조금 위쪽, 19라면 아래를 향해 뻗는다. 타깃 높낮이가 변해도 팔 모양은 같다.

손에서 다트가 떠나고 난 뒤 손가락 모양을 유심히 살펴본 적 있는가. 타깃을 향해 폴로스루를 확실히 했는데도 목표했던 지점을 빗나갔다면, 릴리스하는 순간 엉뚱한 방향을 향했거나, 손가락 모양에 문제가 있을지 모른다.

릴리스 순간 손가락이 어떤 모양을 하고 있는지에 따라 다트가 날아가는 방향이 결정되기도 한다. 처음 겨냥한 대로 다트를 날리려면, 폴로스루 마지막 순간에 엄지와 검지가 벌어져 V자 모양으로 되어 있는 것이 이상적이다. 폴로스루 때 손가락이나 손바닥은 아래쪽을 향한다. 배럴을 잡는 방식에 따

**POINT** 야구에서 정상급 투수의 폼은 부드럽다. 손 끝을 떠난 공은 살아 움직이며 원하는 곳으로 날아간다. 몸에 잔뜩 힘을 주어 던진 공은 몸에 맞는 볼이거나, 제구력이 엉망이다. 다트도 단순히 팔만 힘차게 뻗는다고 힘있고 곧게 날아가지 않는다. 목표지점으로 날아가려는 스윙 과정의 마지막 포인트 폴로스루. 어떤 일이든 마무리가 훌륭해야 한다.

셋업

테이크백

릴리스

폴로스루

라 손바닥이 옆을 보는 사람도 있다.

배럴 위아래를 잡지 않고 옆면을 그립 하는 플레이어는 릴리스 순간 엄지와 검지를 잇는 선이 스로 라인과 평형을 이룬다. 폴로스루 때는 V자로 벌어져 검지가 몸 바깥쪽을 가리킨다. 팔을 아래로 떨어트릴 때 검지는 몸 바깥쪽을 향하는 걸 의식하며 힘을 뺀다. 너무 바깥쪽으로 폴로스루를 흘리면 다트가 엄지에 걸릴 수 있기 때문에 최대한 똑바로 폴로스루 한다.

검지 방향을 의식하는 것이 중요한 이유는, 원래 그립 상태를 유지하다가 아무 생각 없이 놓으면 잘 못된 방향으로 날아가기 때문이다.

그립의 기본은 엄지와 검지 2개로 다트를 잡고, 다른 손가락은 거드는 모양이다. 어떻게 잡든 다트를 사이에 두고 엄지가 검지를 덮어야 잡을 수 있다. 릴리스 하면서 잡았던 방향 그대로 다트를 놓으면 안 된다. 그러면 다트는 엄지와 검지 사이를 향해 날아간다. 오른손잡이라면 목표지점보다 왼쪽으로 날아갈 가능성이 높다.

배럴 양 옆을 쥐는 플레이어는 릴리스 순간 검지가 바깥쪽을 가리켜야 한다. 이것이 중요 포인트이다.

## 좋은 테이크백이 자연스러운 폴로스루를 만든다

야구와 골프에서 폴로스루만큼 강조하는 것이 자연스러운 '백 스윙'이다. 운동 과정이 비슷한 다트도 마찬가지. 테이크백이 부자연스러우면 릴리스와 폴로스루가 매끄럽게 이어지지 않는다. 다트를 던지면서 뭔가 어색함이 계속된다면 테이크백부터 점검해야 한다.

겨냥한 자세 그대로 팔을 몸쪽으로 젖히는 게 테이크백이다. 손목과 손가락에는 어떤 변화도 주지 않는다. 당기는 데만 집중한다. 팔을 가볍게 뻗으며 다트를 놓는다. 팔이 좌우로 흔들리지 않게 주의하고 불필요한 힘을 빼서 손목을 자연스럽게 밑으로 떨궈야 한다.

보드를 의식하지 않고 테이크백에서 폴로스루로 이어지는 흐름에만 집중한다. 테이크백이 자연스러워야 폴로스루가 부드럽고 다트가 날아가는 궤적이 안정적이다.

# 타깃 세그먼트의 크기를 알아보자

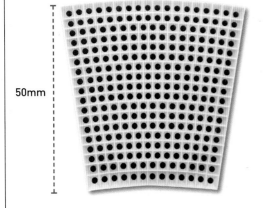

50mm

16mm

### 더블

더블의 비트 수는 98개. 면적이 넓지도 않고 아웃보드 가능성도 높기 때문에, 일부러 겨냥하기에는 위험성이 있다.

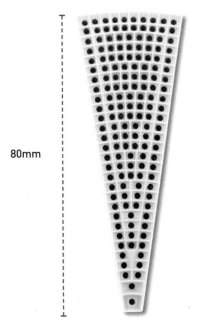

80mm

16mm

### 트리플

20트리플은 맞히기만 하면 불보다 득점이 높지만 면적이 좁다. 트리플의 비트 수는 57개. 불 전체 크기의 3분의 1 정도에 불과하다.

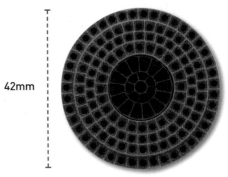

42mm

### 싱글

싱글은 구역이 2개다. 안쪽 구역의 비트 수가 157개, 바깥쪽은 281개. 면적이 가장 넓은 대신 얻을 수 있는 점수가 1점일 수도 있고 제일 많으면 20점이다.

### 불

피닉스 소프트 다트 보드의 불에 뚫려 있는 비트 수는 더블 불이 22개, 싱글 불이 133개다. 20트리플과 면적을 비교해보면 불을 겨냥하는 게 왜 유리한지 알 수 있을 것이다.

# PLAY THE GAME

# GAME

# 실전게임

# 마지막 점수를 딱 0으로!
# 게임 공략의 핵심은 어레인지

제로원(01) 게임은 주어진 점수를 깎아 나가다 상대보다 먼저 0점을 만들면 이긴다.
딱 0으로 끝내야 하는 규칙이 게임을 어렵게 하지만,
그 자체가 흥미롭고 긴장감을 부른다.

좋은 페이스로 높은 점수를 맞춰 나가다가 마무리를 하지 못하면 소용없다. 주어지는 점수는 301, 501, 701, 901, 1101, 1501 여섯 종류. 모두 끝이 01로 끝나서 '제로원 게임'이라고 부른다.

게임 룰은 간단하다. 상대보다 먼저 0으로 만들면 된다. '딱 0으로!'라는 피니시 룰이 긴장과 재미를 동시에 불러일으킨다. 특히 얼마나 효율적으로 마무리할 숫자를 남기느냐가 중요하다. 제로원 게임은 보드 모든 구역이 유효하다. 1 싱글에 넣어도 1점이 줄어든다. 오로지 불만 노리다 벗어나면 아쉬워하는데, 넉넉한 마음으로 플레이 하자.

## 01 게임 룰

| 참여 가능 인원 | 싱글즈 : 1~4명 |
| --- | --- |
| | 더블즈 : 2명씩 4팀(모두 8명)까지 |

| 라운드 수 | 301, 501 : 10라운드 |
| --- | --- |
| | 701 : 15라운드 |
| | 901, 1101, 1501 : 20라운드 |

- 규정 라운드 안에 점수를 줄여나가다 먼저 0점을 만들면 이긴다.
- 301, 501, 701, 901, 1101, 1501 여섯 종류가 있고, 게임별 라운드가 다르다.
- 보드 모든 영역이 점수 계산에 유효하다.
- 남은 점수보다 높은 점수를 맞추면 BUST로, 그 라운드 원래 점수에서 다시 시작한다.
- 규정 라운드 안에 누구도 게임을 끝내지 못하면 남은 점수가 작은 쪽이 이긴다.

### 게임 공략 포인트

- 초중반까지는 불처럼 높은 득점 영역을 공략한다.
- 점수를 깎아 나가다 초보자는 60점 이하, 중급 이상이면 100점 이하가 되는 바로 이전 라운드부터 어레인지를 생각한다.

# 01 게임에서 이기는 지름길

## 면적 넓고 점수 높은 곳부터 노린다

좋은 점이 있는 대신 위험을 감수해야 하는 게 다트의 특성. 보드 숫자 자체가 그렇게 배열돼 있다. 다트에서 가장 높은 점수는 트리플20. 면적을 비교하면 인-아웃 합쳐 불이 트리플보다 더 넓다. 확률 낮은 좁은 곳보다 넓은 50점을 노리는 것이 노력 대비 효율적이다. 초중급자는 불을 공략해 점수를 빨리 줄여나가는 것이 제로원의 기본 이론이다. 세퍼레이트 룰이라면 더블 불만 50점이기 때문에 트리플20을 노리는 것이 좋다.

## 초보자는 12-9-14-11 안전지대가 편하다

트리플9를 중심으로 12-9-14-11 구역을 넓게 보고 던져보자. 점수가 높지도 낮지도 않은 안전지대. 12나 14, 잘하면 트리플 행운이 따를 수도 있다. 우연히 들어가는 높은 숫자가 불보다 빨리 점수를 줄이기도 한다.

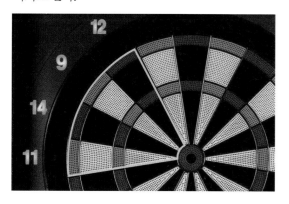

## 조급해하지 말고 넉넉하게 싱글 3개

트리플이나 더블에 넣어서 게임을 끝내면 보는 사람도 멋지고 내 기분도 좋다. 하지만 기분을 접고, 마무리 확률을 높이려면 면적 넓은 싱글이 우선이다.

프로 토너먼트가 아니면 오픈아웃 룰이 대부분이

다. 무엇을 맞히든 0만 만들면 끝이다. 조급하면 화를 부른다. 점수가 41~60점이 남았을 때 첫 발부터 트리플이나 더블에 겨냥하지 않는다. 3개를 다 써서 싱글로 끝내는 것을 추천한다. 이기는 것에 조급해하지 말고, 3개를 유용하게 써서 마무리하는 것이 중요하다.

## 더블은 트리플보다 넓지만, 위험하다

남은 다트 1개를 꼭 더블에 넣어야 할 때 빼고는 마무리로 더블을 남기는 것은 피하자. 다트가 2개 이상 남았다면 싱글 2개로 끝내면 된다. 게임 막판에 더블을 겨냥하다가 아웃보드 하는 것은 큰 타격이다. 압박감이 더해지는 어레인지는 피한다. 트리플보다 넓긴 하지만 더블을 적극 노리는 것은 위험하다.

## 넓은 곳에서 좁은 곳 순으로 던진다

다트를 낭비하지 않으려면 겨냥하기 쉬운 넓은 영역부터 시작한다. 싱글→불→트리플 순서로 노리는 것이 정석이다. 어레인지로 고민할 때는 불과 싱글을 잘 활용해야 한다. 초보자라면 60점 정도가 남을 때까지는 트리플보다 득점 효율이 높은 불을 노리는 것을 추천한다.

# 어레인지는 이기기 위한 리스크 매니지먼트

프로 선수들의 경기를 보면 '왜 저 영역을 노리는지' 아리송할 때가 있다.
같은 숫자라도 게임 상황에 따라 달라지고, 숫자 조합의 선택 여지는 다양하다.
던지는 순간순간 가장 적합한 조합을 골라야 한다.

제로원 게임을 위해 꼭 필요한 것은 점수 컨트롤 능력이다. 끝내기 쉬운 점수를 남겨놓는다. 던진 다트가 빗나갈 것까지 생각해 효율적으로 마무리할 수 있는 숫자를 남겨놓는 어레인지 작업이 필요하다. 계산이 좀 서툰 플레이어도 있는데, 이기고 싶다면 막판에는 '생각을 하면서' 던지기를 바란다.

### 제대로 알면 한 라운드 빨리 끝낸다

어레인지를 알고 있는 것과 모르는 것은 한 라운드 차이가 난다. 나머지 몇십 점, 몇 점 어레인지를 하다 보면 끝낼 수 있는 범위가 온다. 아무 생각 없이 불만 노리고 끝내기 어려운 숫자를 남기고 있지는 않은지 돌아보라. 그것은 한 라운드를 통째로 상대에게 넘겨주는 꼴이다. 어레인지를 잘해서 라운드 한 개를 지워버린다면 그것이 승리로 가는 길이다.

### 위험을 감수하기보다 쉽게 가야 한다

제로원 어레인지란 '이길 확률을 높여주는 점수 계산법'이라고 생각하면 된다. 소프트 다트에서 불은 트리플보디 면적이 크다. 넓은 불을 활용하지 않을 수 없다. 오픈이웃(싱글로 마무리기 기능) 룰이라면 무리하게 더블, 트리플을 어레인지하지 말고 불+싱글 조합으로 가는 것이 성공률이 높다. 무리한 어레인지를 하다 끝내기 어려운 점수를 남길 수 있다. '이기기 위한 리스크 매니지먼트'가 어레인지다.

## 같은 숫자도 상황에 따라 공략법이 다르다

### 유리한 상황

내가 상대보다 유리한 상황에 있을 때는 무리하지 않는다. 이 경우에는 177을 줄이기 위해 불-불을 던지고 다음 라운드에서 끝내기 쉬운 숫자를 남겨두면 된다.

### 불리한 상황

불리한 상황이라면 무리해서라도 이길 수 있는 피니시를 시도해야 한다. 177을 끝낼 수 있는 방법은 T20-T19-T20밖에 없다. 넣으면 이기고 못 넣으면 진다. 같은 숫자라도 상황에 맞는 어레인지를 선택해야 한다.

## 머신 가이드는 그냥 힌트일 뿐이다

소프트 다트는 180점 이하부터 모니터에 피니시 가이드가 나온다. 트리플과 더블을 권장해서 '끝낼 수 없을 것 같은' 느낌을 준다.

그림처럼 28이 남았을 때 D14라고 표시된다. 다트가 2개라면 싱글 2개가 쉽다. 더블보다 14싱글-14싱글로 겨냥해야 편하다. 어레인지 방법이 하나뿐이라면 시킨대로 하면 되지만, 여럿일 때는 거기 의존하지 말고 내가 하기 쉬운 것을 한다.

## 3개로 못 끝내는 점수는 만들지 말자

180점 아래면 어떤 점수도 끝낼 수 있을 것 같지만 안 그렇다. 다트 2개나 3개로 마무리할 수 없는 점수가 있다. 기억해두고 이 점수가 나오는 것은 피해가자. 이건 더블즈 게임에서 알아두면 특히 효과가 있다. 실력 차이가 나는 선수끼리 한 조가 되기도 하는데, 파트너가 끝낼 수 있는 숫자를 만들어주고 싶을 때 유용하다.

## 전세가 불리하면 과감하게 시도하라

대결 상대가 이제 끝낼 수 있는 점수가 되었다면 과감하게 저질러버리자. 끝낼 수 있다는 가능성에 기대를 걸고 시도하면 상대에게 압박이 된다. 요행이 아니면 노리지 않은 곳에 다트가 들어갈 수는 없다. 노린 곳에 넣어야 한다. 어레인지란 가능성이 높은 방법을 찾아 시도하고 그것을 현실로 만드는 작업이다.

## 그날 컨디션에 따라 어레인지를 바꾼다

어레인지는 힌트를 제공할 뿐이다. 그것을 그대로 따라 할 필요는 없다. 플레이어의 컨디션이나 영역(숫자) 선호도에 따라 들어갈 수도 있고 안 들어갈 수도 있다. 유독 불에 강하다면 누가 말려도 적극적으로 시도하라. 트리플이 최상의 컨디션이라면 트리플을, 오늘따라 보드 아래쪽에 다트가 잘 꽂힌다면 그에 맞춰 아래쪽 숫자 위주로 어레인지를 하면 된다. 하나의 어레인지에 얽매이지 않고 선택을 다양하게 찾는 것이 참다운 어레인지다.

## 보드의 숫자 배열 리스크를 기억한다

다트 보드 자체가 가지고 있는 리스크를 고려해야 한다. 어레인지 자체는 숫자 조합이지만, 다트 보드는 유리한 곳과 불리한 곳

이 맞닿아 있다. 20을 노리다가 오른쪽으로 구멍 1개만 빗나가도 1이다.

57이 남았다고 치자. 다트 3개를 19싱글로 하나씩 쏠 여유가 된다. 한 방에 끝내기 위해 19트리플을 노리며 첫 발을 던졌는데 3트리플에 맞았다. 16트리플로 상황이 변한다. 57이 남았는데 남은 다트가 2개라면? 첫 발이 7더블에 들어가면 나머지 43은 24 이상의 더블이나 트리플+싱글(24+19 같은) 조합을 해야한다. 아니면 좋아하는 숫자를 남기는데 한 발을 쓰길 권한다. 어레인지란 이처럼 다트 숫자 안에 도사리고 있는 리스크를 피하거나 선택하는 전략이다.

---

## 어레인지가 중요한 3가지 이유

### 1. 상황을 유리하게 조성한다

33점 남았고 손에 쥔 다트는 2개. 첫 발을 11트리플에 겨냥했는데 8싱글에 들어가버렸다. 25점이 남았기 때문에 남은 1발로 못 끝낸다. 처음부터 13 이상 싱글을 노렸다면 20 이하가 남아 그 라운드에서 끝낼 수 있었다. 같은 숫자의 조합을 통해 다음 상황을 유리하게 만들어 놓아야 한다.

### 2. 끝내기 과정을 머리에 그려둔다

남은 점수를 보고 0으로 끝낼 때까지 과정을 머리에 담아두면, 던질 때마다 어디에 던져야 할지 고민할 필요가 없다. 치

열한 대결 중에 고민에 빠지면 리듬이 깨진다. 노렸던 곳이 빗나가는 상황까지 염두에 두면 여유를 갖고 플레이 할 수 있다.

### 3. 빗나가도 찬스가 이어진다

46점이 남았고 다트는 2발 남았다. S6부터 넣고 D20 순으로 던지는 게 좋은 어레인지다. S6이 빗나가 옆의 10이나 13에 들어가도 다음을 기대할 수 있다. 첫 발이 빗나가더라도 끝낼 찬스가 남아 위험을 피할 수 있어야 한다.

# 더블아웃 어레인지 포인트 4가지

퍼펙트 토너먼트처럼 실력이 높은 사람끼리 겨룰 때는 '더블아웃' 룰을 쓴다.
마무리를 꼭 더블 영역에 맞춰야 끝난다. 쉽지 않기 때문에 보는 사람은 묘미가 크다.
초보 플레이어라도 더블아웃 마무리를 익혀두면 다트의 또 다른 재미를 느낄 것이다.

## ❶ 짝수가 계속되면 찬스도 이어진다

어레인지는 여러 선택 방법 가운데 위험 요소까지 내다보고 고안한 것이다. 처음 넣으려 했던 곳을 벗어났다고 해도 또 다른 해결 방법이 기다리고 있는 것이 좋다. 그건 리스크가 아니라 보험이다. 플레이어들이 좋아하는 '32'처럼 벗어나도 더블을 계속 노릴 수 있는 숫자가 있다. 그런 숫자를 찾아 효율적으로 공략해야 한다. 찬스가 계속되는 (끝까지는 아니지만) 더블을 만드는 숫자를 잘 기억해두자.

### 32는 넉넉한 보험이다

$$32 \rightarrow 16 \rightarrow 8 \rightarrow 4 \rightarrow 2D$$

| | |
|---|---|
| **40** | 40 → 20 → 10 → 5D |
| **24** | 24 → 12 → 6 → 3D |
| **36** | 36 → 18 → 9D |
| **28** | 28 → 14 → 7D |

## ❷ 고난을 자초하는 더블 불 마무리

같은 더블이라도 더블 불과 다른 더블은 면적이 다르다. 50점이지만 면적은 가장 좁다. 좋은 점이 있는 대신 위험을 감수해야 하는 다트의 특성이다. 더블 불을 벗어나 싱글 불에 들어간다면 25가 남기 때문에 다음에 던질 다트가 어려워진다. 게다가 불을 벗어났을 때 더블로 끝낼 수 있는 가능성은 20분의

6, 즉 30퍼센트에 불과하다. 더블 불은 어쩔 수 없는 마지막 발 말고는 시도하지 않는다.

## ❸ 어레인지 우선순위를 외워두자

| 다트 2개로 끝내기 | 다트 3개로 끝내기 |
|---|---|
| ① D | ① D |
| ② S + D | ② S + D |
| ③ S + DB | ③ S + S + D |
| ④ T + D | ④ T + D |
| ⑤ T + DB | ⑤ S + S + DB |
| | ⑥ T + S + D |
| S : 싱글 / D : 더블 | ⑦ T + S + DB |
| T : 트리플 / SB : 싱글 불 | ⑧ T + T + D |
| DB : 더블 불 | ⑨ T + T + DB |

## ❹ 남은 다트가 몇 개냐에 따라 다르다

어레인지는 손에 쥔 다트가 몇 개인지에 따라 달라진다. 세 개로 끝낼 수 있는 확률이 가장 높은 어레인지를 선택하고, 다음 라운드로 넘기지 말자. 121 이상은 다트 3개를 모두 써야 끝낼 수 있고, 120 이하는 다트 2개로 끝낼 수 있는 것이 대부분이다. 꼭 2다트로 어레인지할 필요는 없다. 다트에 여유가 있다는 것은 작은 숫자나 면적이 큰 싱글에 유효하게 쓸 수 있다는 얘기다.

# 72 | 18에 4개를 넣겠다는 전략으로

## Not Good
### ① BULL(50) → 11D(22)

1 첫 발 BULL (50)

2 둘째 발 11D (22)

3 셋째 발 –

불부터 넣은 다음 11더블(또는 11싱글-11싱글)을 공략하는 전략은 위험하다. 숫자 14 영역이 옆에 붙어 있어서 버스트 위험성이 있다. 순서를 바꾸어 '11더블(또는 11싱글-11싱글)-Bull'로 겨냥하는 걸 권한다.

## Good
### ② 12T(36) → 18D(36)

1 첫 발 12T (36)

2 둘째 발 18D (36)

3 셋째 발 –

12와 18은 좌우 대칭으로 같은 눈높이에 있다. 그래서 겨냥하기 쉽다. 12트리플-12트리플 또는 18더블-18더블로도 끝낼 수 있다. 하지만 같은 숫자의 트리플과 더블에 두 개를 넣기에는 공간이 좁아서 쉬운 것은 아니다.

## Good
### ③ 18T(54) → 18S

1 첫 발 18T (54)

2 둘째 발 18S (18)

3 셋째 발 –

18에 4개를 넣는다는 기분으로 던진다. 트리플을 노렸던 첫 발이 빗나가 18싱글에 들어갔다면, 다음은 18트리플로 던지면 되고, 18싱글-18싱글-18더블 조합도 좋다. 모두 같은 숫자를 겨냥할 수 있기 때문에 초중급자가 시도하면 괜찮다.

# 87 | 일단 17로 시작하면 수가 많다

첫 발에 노려야 할 타깃은 17트리플. 이것이 성공하면 36이 남기 때문에 둘째 발을 12트리플에 넣으면 끝난다. 이것을 실수해서 12싱글에 들어가도 나머지는 24. 셋째 발을 12더블로 끝낼 수 있다, 만약 12싱글에 들어가도 다음 라운드에서 12싱글을 노리면 된다.

**Good**
① 첫 발 17T (51)
② 둘째 발 12T (36)

① 첫 발 17T (51) → ② 둘째 발 12S (12) → ③ 셋째 발 12D (24)

첫 발을 17트리플에 넣고, 둘째 발은 12트리플이 아닌 18더블도 괜찮다. 싱글로 벗어나도 바로 이전에 던지던 똑같은 힘과 자세로 셋째 발도 18싱글을 계속 노릴 수 있어 나쁘지 않다. 17트리플을 노렸지만 벗어나 싱글에 들어가면 나머지는 70. 그럴 경우 둘째 발에서 20싱글, 셋째 발은 불을 노린다.

**Good**
① 첫 발 17T (51)
② 둘째 발 18D (36)

첫 발을 17싱글에 넣은 다음, 둘째 발을 불에 넣고 셋째 발은 20싱글을 노리는 어레인지도 있지만, 이 순간 20더블이나 20트리플에 들어가면 버스트. 그러니 안전하게 둘째 발에서 20싱글을 노려야 한다.

① 첫 발 17S (17) → ② 둘째 발 20S (20) → ③ 셋째 발 BULL (50)

# 35 쉬운 방법은 찾기 나름이다

1 첫 발 3S (3)

2 둘째 발 16D (32)

3 셋째 발 –

## ① 3S → 16D(32)

이 패턴을 추천한다. 첫 발 3싱글이 옆의 19 싱글로 빗나갈 경우, 둘째 발은 바로 옆 가까운 16싱글을 겨냥하면 된다. 만약 17싱글로 빗나가더라도 18싱글에 넣어 나머지 한 발로 끝낼 수 있다. 16더블에 넣을 자신이 있으면 이것이 가장 좋을 것이다.

1 첫 발 19S (19)

2 둘째 발 16S (16)

3 셋째 발 –

## ② 19S → 16S

19와 16은 가깝기 때문에 겨냥하기 쉬운 어레인지다. 또 위의 ①과 같이 첫 발이 옆으로 빗나가도 쉽게 끝낼 수 있는 방법이 있다. 7싱글에 들어가면 14더블, 3싱글로 빗나가면 16더블이다.

1 첫 발 15S (15)

2 둘째 발 20S (20)

3 셋째 발 –

## ③ 15S → 20S

이것은 처음부터 생각하지 않는 것이 좋다. 15싱글이 빗나가서 10싱글에 들어가버리면 어쩔 텐가. 25가 남기 때문에 한 발로 끝낼 수 없다. 제로원은 재빨리 0으로 털어내는 게임이다.

# 96 | 목표는 16T, 오직 16으로만 GO

96은 16을 계속 노리면 끝내기 좋은 어레인지다. 첫 발이 트리플 존을 벗어나 16싱글에 들어가면 80이 남는다. 이때 둘째 발에 불, 셋째 발은 15더블을 생각하는 사람이 많은 것 같다. 틀린 것은 아니다. 불을 남겨두고 15더블을 먼저 맞추는 게 유리하다고 생각할지 모르지만 굳이 어려운 영역을 뒤에 남겨둘 필요가 없다.

숫자라 익숙하기도 하다. 16의 배수인 48과 32로 끝낼 수 있다. 16싱글로 시작하였다면 둘째 발에서는 16트리플, 셋째 발은 16더블을 노려도 좋다.

① 첫 발 16S (16) → ② 둘째 발 16T (48) → ③ 셋째 발 16더블 (32)

다른 어레인지는 54와 42로 나누어 보는 것. 첫 발에서 18트리플, 둘째 발은 14트리플을 노린다. 첫 발을 실수해 18싱글에 들어가면 나머지는 78. 끝내려면 둘째 발을 불, 셋째 발은 14더블을 노려야 한다. 난이도가 높아 권하고 싶지 않다.

### Good

① 첫 발 16T (48)

② 둘째 발 16T (48)

① 첫 발 16S (16) → ② 둘째 발 BULL (50) → ③ 셋째 발 15D (30)

설명한 것처럼 96은 16 영역만 계속 노려 끝낼 수 있는 유리한 숫자이다. 16은 크리켓

### Not Good

① 첫 발 18T (54)

② 둘째 발 14T (42)

# *81* | 빗나가도 계속되는 찬스를 이어가자

1 첫째 발 Bull (50)

2 둘째 발 15S (15)

3 셋째 발 16S (16)

## *Bad*
### ① BULL(50) → 15S → 16S

둘째 발과 셋째 발의 15와 16은, 둘 다 양 옆에 작은 숫자가 배치되어 있기 때문에 옆으로 빗나가도 일단은 안심이다. 단 15싱글을 노렸는데 엉뚱하게 15트리플로 들어가버리면 버스트이기 때문에 다시 위험에 처한다. '15싱글 – 16싱글 – 불' 순서라면 나쁘지 않다.

1 첫째 발 15T (45)

2 둘째 발 18D (36)

3 셋째 발 –

## *Good*
### ② 15T(45) → 18D(36)

양쪽 모두 크리켓 숫자라서 겨냥하는 데 비교적 익숙할 것이다. 첫 발 15트리플이 15싱글로 빗나갈 경우에는 16싱글 – 불로, 비교적 익숙한 불을 포함하는 어레인지를 할 수 있다. 많은 플레이어가 시도하는 피니시 방법이다.

1 첫째 발 19T (57)

2 둘째 발 12D (24)

3 셋째 발 –

## *Good*
### ③ 19T(57) → 12D(24)

이 어레인지의 기본은 2번과 같은 방식이다. 첫 발의 19트리플이 19싱글로 빗나가더라도 62점이 남기 때문에, 12싱글 – 불로 끝낼 수 있다.

# 104 | 2다트 욕심 버리고 고효율 3개로

제로원 게임은 그 라운드를 한방에 끝내도, 3개를 다 써서 끝내도 이기는 것은 같다. 2다트 피니시를 노리다가 실수하기 좋은 것이 104다. 3발을 다 쓰겠다고 생각하면 답이 보인다. 즉 첫 발과 둘째 발을 확실히 불에 넣고 불보다 면적이 큰 4를 남긴다. 그리고 마지막을 4에 넣어 끝내는 어레인지다.

면 4싱글을 노리다가 위아래(18이나 13)로 벗어나도 버스트 하는 일이 없이 유효한 숫자가 남는다.

① 첫 발 BULL (50) → ② 둘째 발 4S (4) → ③ 셋째 발 BULL (50)

**Good**
① 첫 발 BULL (50)
② 둘째 발 4S (4)
③ 셋째 발 BULL (50)

**Bad**
① 첫 발 BULL (50)
② 둘째 발 BULL (50)
③ 셋째 발 4S (4)

4싱글을 마지막에 노리는 이 어레인지는 말리고 싶다. 18과 13이라는 큰 숫자 사이에 있어 위아래로 벗어나면 버스트 하는 압박이 크다. 따라서 처음 2발 중 어느 것이든 4에 먼저 넣고 다음에 불을 넣는 방법이 있다. 그러

1스로가 가능한데도, 보드 끝 더블을 노리는 사람은 없다. 보통은 불이다. 불을 노리는 것도 쉬운 것은 아니지만, 평소 연습을 많이 하기 때문에 가장 신뢰하는 구역이다.

점수를 줄이기 위해서 더 유리한 20트리플이나 19트리플을 노리지 않고 불을 향해 던지는 것은 그 때문이다. 그리고 남은 숫자가 불 이상이라면 불로 시작하는 어레인지를 생각해야 목표가 쉽게 보인다.

# *122* | 불 마무리는 여유롭고 보기도 좋다

1 첫째 발 Bull (50)

2 둘째 발 Bull (50)

3 셋째 발 11D (22)

Not Good

## ① BULL(50) → BULL(50) → 11D(22)

앞에 설명한 81을 피니시했던 방법과 비슷하다. 맞춰야 할 숫자가 대부분 높기 때문에 일단은 점수를 확실히 줄여나가는 것이 좋다. 그러고 나서 11더블을 시도하는 이 어레인지도 나쁘지 않다. 하지만 불 – 11더블 – 불로 순서를 바꾸는 것을 추천한다.

1 첫째 발 18T (54)

2 둘째 발 18S (18)

3 셋째 발 Bull (50)

Good

## ② 18T(54) → 18S → BULL(50)

마무리를 멋지게 하고 싶다면 역시 불로 장식한다. 18트리플 – 18싱글 – 불 순서를 추천 한다. 세 발로 끝낼 수 없더라도 18에 4개를 넣고 불에 넣을 수 있기 때문에 좋은 선택이다. 126이 남았을 때도 19에 4개를 넣은 후 불을 맞춘다.

1 첫째 발 20T (60)

2 둘째 발 20T (60)

3 셋째 발 2S (2)

Bad

## ③ 20T(60) → 20T(60) → 2S

점수를 팍팍 크게 줄일 수 있는 선택이다. 그렇지만 마지막에 던져야 할 2싱글이 문제다. 2 옆에는 15와 17 같은 큰 숫자가 배치되어서 버스트 위험성이 높다. 20 에어리어 정도는 우습다고 생각하는 사람이라도, 이 어레인지를 한다면 말리겠다.

# 135 시작은 불, 15T로 실수하면 고생길

첫 발부터 노려야 할 것은 불이다. 성공하면 85가 남기 때문에, 둘째 발은 15트리플을 성공시켜서 40을 남겨둔다. 그리고 마지막에 20더블을 겨냥한다. 빗나가도 20싱글이라는 자신감으로.

**Bad**
1 첫 발 15S (15)
2 둘째 발 20T (60)
3 셋째 발 20T (60)

**Good**
1 첫 발 BULL (50)
2 둘째 발 15T (45)
3 셋째 발 20D (40)

노리는 순서를 바꿔 첫 발을 15트리플에 넣고 시작하는 것도 생각할 수 있다. 그런 다음 둘째 발은 불, 셋째 발은 20더블을 노린다. 단, 이 어레인지에서 첫 발이 15트리플을 벗어나 싱글에 들어가면 부담이 커진다. 게임을 끝내려면 둘째, 셋째 발 모두 20트리플에 넣을 수밖에 없다.

여기서 만약 둘째 발이 20싱글에 들어간다면 나머지는 100. 이 라운드에서는 끝낼 수 없으니 다음 라운드로 넘어가는 것을 생각한다. 그렇다면 셋째 발은 불을 노려야 한다. 15싱글이나 20싱글에 들어갔을 때는 불을 남기기 위한 어레인지를 해야 한다. 다음 라운드를 최상의 상태에서 맞을 수 있도록 숫자를 조정한다.

1 첫 발 15S (15) → 2 둘째 발 20S (20) → 3 셋째 발 BULL (50)
50이 남아 다음 라운드에서 해결해야 한다.

# 일곱 군데서 벌이는 공방전,
# 판세 따라 변하는 전술의 묘미

크리켓은 다트 테크닉은 물론이고 전략이 중요한 요소로 작용하는 두뇌 게임이다.
7개 영역을 가지고 뺏고 빼앗기는 공방전의 묘미도 있다.
그러나 승패가 결정되는 것은 어디까지나 상대보다 높은 점수다.

제로원 게임이 정통 영국식이라면, 크리켓은 미국에서 유래했다. 서부 개척 시대를 반영한 것처럼 영역 쟁탈전으로 승부를 낸다. 그래서 쉽게 '땅 따먹기' 게임이라고도 부른다.

화면에 보이는 모습도 그렇고 룰도 언뜻 복잡하게 보인다. 하지만 알고 나면 쉽다. 20, 19, 18, 17,

## 크리켓 게임 룰

| 참여 가능 인원 | 싱글즈 : 1~4명<br>더블즈 : 2명씩 4팀(모두 8명)까지 |
|---|---|
| 라운드 수 | 15라운드 |

- 20, 19, 18, 17, 16, 15, 불, 7개 영역만 유효하다.
- 세 차례 같은 숫자를 마크하면 오픈이 되고, 그 다음부터 득점이 된다.
- 대결 상대도 3마크 하면 클로즈 되어, 그 영역은 누구도 득점할 수 없다.
- 더블에 들어가면 2마크, 트리플이면 3마크로 단숨에 오픈 또는 클로즈 된다.
- 모든 타깃을 오픈 했을 때 상대보다 득점이 높으면 이긴다.
- 규정 라운드 안에 모든 타깃을 오픈하지 못하면 득점이 높은 쪽이 이긴다.

### 게임 공략 포인트

- 높은 숫자 영역부터 내 것으로 만든다.
- 오픈한 영역에서 점수를 올릴지, 상대 영역을 클로즈해 점수를 못 내게 할지 결정하는 것이 전략 포인트.

16, 15, 6개 숫자와 불을 가지고 게임을 한다. 나머지 숫자 영역은 다트가 들어가도 소용없다. 이 7개 숫자를 '크리켓 숫자'라고 한다. 숫자가 가까이 붙어 있지 않아서 우연히 들어가는 경우는 많지 않다.

다트를 전략 게임이라고 할 때, 01 게임의 어레인지 과정과 바로 이 크리켓 게임 자체를 두고 하는 말이다. 내 영역을 늘려 점수를 올리고, 상대 영역은 무효로 만들고, 같은 방법으로 상대의 공격을 방어하고… 이렇게 점수 영역을 차지하려는 게임이다. 모니터는 많이 복잡하지만 실제 게임을 해보면 보기보다 어렵지 않다.

## 크리켓 화면 읽는 법

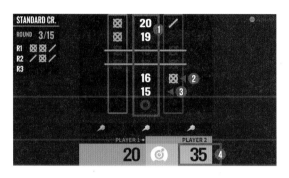

### 싱글 1개는 1마크, 트리플은 3마크

▶1마크　　▶2마크　　▶3마크

크리켓은 싱글 1개를 1마크, 더블에 들어가면 2마크, 트리플에 들어가면 3마크라고 한다. 크리켓 숫자 영역을 자기 땅으로 만들려면 3마크가 필요하다. 최소 싱글 3개가 필요하고, 트리플 1개로 끝내는 게 최상이다.

❶ 크리켓 숫자 … 각 숫자별 마크 수가 표시된다. 무효가 된 숫자는 가로로 줄이 그어진다.
❷ 마크 … 크리켓 숫자를 가운데 두고 양쪽에 각 플레이어의 현재 마크 수를 표시한다.
❸ 노마크 구역 … 마크가 아무것도 없는 곳은 아직 누구도 점령하지 않은 숫자라는 의미이다.
❹ 득점 … 각 플레이어의 득점. 크리켓 숫자에 다트가 들어갈 때마다 점수가 더해진다.

## 크리켓 승리의 조건

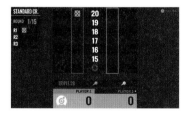

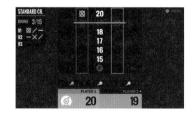

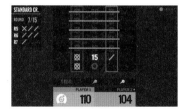

**3마크 하면 내 땅,
거기서 점수를 올린다**
크리켓 숫자 중 한 곳에 상대보다 먼저 3마크 하면(오픈) 그곳은 내 것이 되고 득점을 올릴 수 있는 원천이 된다. '1마크×숫자'만큼 득점을 얻는다. 상대가 같은 숫자에 3마크 할 때까지 득점을 거듭해 올릴 수 있다.

**나와 상대가
같은 숫자를 점령하면 무효**
이미 상대의 영역이 되어버린 숫자에 나도 3마크 하면(클로즈), 그 영역은 무효가 된다. 나도 상대도 득점을 올릴 수 없다. 상대가 그곳에서 득점을 올릴 수 없도록 무효로 만드는 것도 내 점수 올리는 것만큼 중요한 전술이다.

**숫자를 모두 차지하거나
득점 높으면 승리**
스탠더드 크리켓은 모든 숫자 영역을 자신의 것으로 만들거나 상대보다 점수가 높으면 이긴다. 점수가 같을 때는 크리켓 숫자 모두를 먼저 점령한 쪽이 이긴다. 라운드 리밋일 경우에는 점수가 높은 쪽이 승리한다.

# 점수 쌓기냐 클로즈 먼저냐, 상대 스타일 따라 전술 달라야

제로원 게임과 달리 크리켓은 보드에 무효 영역이 있다.
별 의미 없이 들어가는 한 발을 피하고 상대보다 얼마나 많이 마크하는지가 승리의 지름길.
상대 스타일에 따라 시시각각 전술을 바꾸는 것도 필요하다.

크리켓 게임은 다트 테크닉은 물론 전략이 중요하다. 오픈은 높은 숫자 순으로 한다지만, 어디를 먼저 클로즈 해야 할지, 역전 당하지 않으려면 어디에 몇 마크 해둬야 하는지, 상황에 따라 머리를 써야 한다.

어쨌든 승부가 결정되는 방식은 높은 득점이다. 내 득점이 중요하다. 클로즈 하는 것도 신경 써야 하지만, 점수를 상대보다 높이 유지하는 일이 최우선이다. 순간 변하는 상황이나 상대의 공격과 방어 스타일에도 대응해야 한다.

## 승부처에서는 망설이지 말고 공격을

크리켓 한 게임 도중 반드시 한 번은 승부처가 있다. 승부를 결정짓는 장면이 어딘지 알려면 경험이 필요하고, 게임이 끝난 뒤 복기도 해봐야 한다.

게임 진행 과정을 3단계로 나눌 수 있다. 1단계는 20, 19, 18, 17이고, 2단계는 16과 15, 3단계는 불이다. 15와 16은 막상막하일 때 큰 승부처가 된다.

클로즈를 위해 트리플이 필요한데 다트가 1개 남았다면, 확실히 하려면 1개에 걸지 말고 점수로 가

는 것이 좋지만, 승부 처리면 주저 없이 트리플을 겨 냥해야 한다. 그게 마지막 찬스일 수 있다.

### 초보자는 목표구역을 넓게 잡고 편안하게
그루핑 능력이 떨어지는 크리켓 초보자는 유효 구역을 넓게 잡고 던지기를 권한다. 20을 노린다면, 20~18 구역을 하나의 구역으로 보고 편안하게 던지는 것이 좋다.

16과 19 사이, 15와 17 사이, 17과 19 사이도 마찬가지. 유효가 되기 쉬운 존을 찾아 넉넉한 마음으로 플레이 하자.

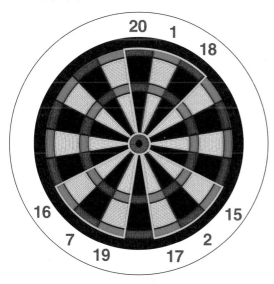

### 후공은 점수부터 올려 상대를 압박한다
크리켓 게임도 나중 공격자가 불리하다. 선발 공격자는 20부터 공격한다. 후공은 뒤따라 낮은 숫자를 클로즈 할 수밖에 없다. 같은 개수를 넣어도 당연히 점수가 벌어진다.

결국 후공은 더블이나 트리플을 공략한다. 미스샷 위험이 크지만 후공이 이기려면 점수를 올리는 방향으로 간다. 한곳에 집중해 점수로 선공을 압박하는 것이 좋다. 후공은 점수를 올리면서 선공에게 불필요한 1개를 사용하게 만들어 실수를 유도한다.

선공이 실수했을 때 판세를 역전시킨다. 그런 방식으로 선공에 압박을 가해야 한다.

### 점수 차이를 마크 수로 계산하는 버릇을
크리켓 게임에서는 자신이 점령해놓은 유효 영역이 바뀌면 역전에 필요한 마크 수도 따라 변한다. 49점 차이가 난다고 했을 때, 20이라면 3마크로 역전할 수 있고, 15라면 4마크, 불은 2마크가 필요하다.

점수를 마크 수로 계산하면 다음에 어디에 몇 마크를 노려야 할지 곧바로 이해할 수 있다. 리듬을 무너뜨리지 않고 플레이 할 수 있고, 다음 라운드 전술도 미리 세우기 쉽다.

### 한 라운드에 1마크라도. 싱글이 중요
크리켓은 트리플이 최고다. 게임을 우세하게 이끌 수 있다. 한 방에 오픈하고 클로즈하고, 점수를 3배 얻는 것은 멋진 일이다. 하지만 빗나가서 무효 구역에 들어가면 쓸데없는 한 발일 뿐. 고수들도 트리플 적중률은 낮다.

싱글 영역은 넓다. 한 라운드에서 1마크라도 유효 구역에 넣는 것을 목표로 삼자. 한 발도 벗어나지 않고 싱글에만 들어가도 3.00MPR(한 라운드 평균 마크 수)가 나온다.(피닉스다트 기준) 머신 앞에 붙은 레이팅 표를 보면 알겠지만 이 정도면 중상급자와 대등하게 겨룰 수 있는 실력이다.

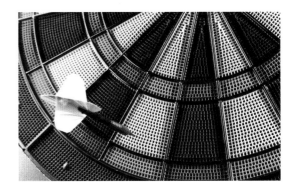

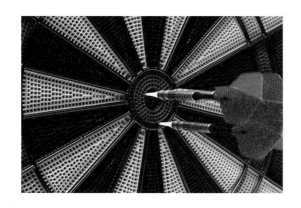

트리플 같은 강렬함과 파괴력은 없지만, 싱글로 마크 수를 늘리는 작전은 상대를 짜증나게 할 수도 있다. 섣부르게 트리플을 고집하다 무효 영역에 들어가는 것보다, 바깥쪽 싱글에 확실히 넣어 점수를 올리자. 크리켓에 익숙해진 뒤, 더블과 트리플을 이용해 고득점을 노리자.

승부를 걸 때도 싱글이 중요하다. 싱글에 넣으면 최소한 그 라운드에서 클로즈 하지 못해도 1마크 얻

기 때문에 다음 라운드에서 트리플을 노리지 않아도 된다. 다음 라운드에 또 싱글에 넣으면 그 다음 라운드에서 싱글로 클로즈 할 수 있다. 욕심내지 말고 싱글이라도 넣어서 꼭 트리플에 넣어야 하는 어려운 상황을 만들지 말자.

## BULL은 51점 이상 점수 차를 벌린 뒤 노린다

크리켓에서 불은 두 구역의 점수가 다르다. 불은 인불+아웃불 최소 2개를 넣어야 클로즈 된다. 아웃불은 3개. 클로즈 하지 않은 상태에서 50점을 얻으려면 인불 2개와 아웃불 1개가 필요하다. 하지만 인불 2개를 넣을 수 있는 사람은 많지 않다.

불을 클로즈 할 때는 처음 2개로 충분히 점수를 올린 다음 나머지 1개로 노린다. 최소한 인불 2개분, 50+1 이상 차이를 내놓고 불 공략에 들어가자. 51점 이상 벌려놓으면 역전 당할 가능성은 작다.

---

## 크리켓 케이스 스터디 ❶

### 상대에게 원 찬스를 주지 않으려면

대결 상대에게 원 찬스(한 라운드에 끝낼 수 있는 기회)를 주지 않으려면 상대가 어디에 몇 개를 마크하면 역전할 수 있는지 생각한다. 한 라운드에서 마크할 수 있는 최대 수는 9. 즉 10 이상 마크 차가 있는 상태로 공격권을 넘겨주면 원 찬스를 저지할 수 있다. 어쩔 수 없이 원 찬스를 줄 수밖에 없는 상황이라면, 상대가 필요로 하는 마크 수를 가능한 한 늘려서 원 찬스 난이도를 높이는 것이 핵심이다.

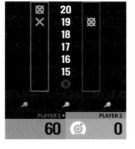

### T20-S19-S19 5마크

플레이어1의 첫 발이 T20에 들어가고, 19클로즈에 나설 때. 이 상황에서 플레이어2가 원 찬스를 성공시키려면 T19-S19-T20 7마크가 필요하다.

플레이어1이 20으로 점수를 올린 뒤 클로즈로 간다면 얼만큼 점수를 올리고 클로즈에 나서는 것이 좋을까? 플레이어2는 한 라운드에 5마크 정도 할 수 있는 수준이라고 가정해보자.

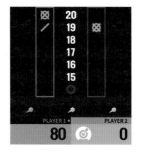

### T20-S20-S19 5마크

플레이어1이 20에 4마크하고 19클로즈를 노릴 때. 플레이어2가 원 찬스에 성공하려면 T19-D19-T20 8마크, 또는 T19-T19-T20으로 9마크다. 같은 5마크라도 상대를 어렵게 만드는 방법이 다르다.

## 내가 당하면 싫은 것을 상대에게 한다

01 게임은 '자신과의 싸움'이라는 요소가 강한데, 그 리켓은 '상대를 의식하며 싸우는' 게임이다. 진정한 승부사는 상대의 심리를 교묘하게 이용한다. 대결 상대의 스타일이나 나의 컨디션에 따라 공격 방법 이 바뀔 수 있다.

어디를 노리면 좋을지 모르겠고 판단이 안 서면 상대가 잘 던지는 숫자나 실수한 숫자를 노려라. 내 가 남에게 당하면 싫은 것을 상대에게 그대로 해 보 이는 전략. 역으로 상대가 잘 던지는 숫자를 공략해 도 멘탈을 흔들 수 있다. 상대가 '내가 지금 당하고 있다'는 느낌이 들면 흔들리게 되어 있다.

## 갑작스런 BULL 겨냥이 효과적일 수 있다

싱글 불이 1마크로 25점, 더블 불은 2마크로 50 점이다. 면적이 좁고, 다트 1개로 내 땅을 만들

수 없기 때문에 미지막에 노리는 것이 대부분이다.

20, 19, 18 영역 전쟁이 미무리되는 시점이리면 초보자는 불을 노리는 전술이 효과적일 수 있다. 불 을 겨냥하면 마크 수를 벌 확률이 높다. 초보자일수 록 평소 불 던지기 연습을 많이 하기 때문에, 불이 오 히려 마음이 편할 수 있다. 멘탈 면에서 효과적이다.

## 남은 라운드를 생각해 득점 올리기로

다트 1개도 벗어나지 않고 싱글로만 모든 영역을 내 것으로 만들어도 7라운드가 지나간다. 거기에 득점 을 올리거나 상대 영역을 클로즈 하느라 왔다 갔다 하다 보면 눈깜짝할 사이에 15라운드가 끝난다.

라운드 리밋이 되면 득점이 높은 쪽이 이긴다. 3~4라운드 전부터는 자기 영역을 넓 히기보다 상대와 득점 차를 생각하 면서 점수 올리기 전략으로 가는 것

---

## 크리켓 게임 운영의 기본

### 선공일 땐 점수 높은 영역부터 오픈

크리켓은 마지막에 1점이라도 많은 쪽이 이기 는 게임. 선공이라면 점수 높은 20부터 노리는 것이 당연하다. 득점 효율이 높은 숫자를 확보 하면 상대도 압박할 수 있어 효과적이다. 선공 이면 무조건 20부터 내 땅으로! 트리플이면 더 이상 좋을 수 없다.

### 내 득점이 중요하다, 클로즈는 나중에

선공인 상대가 20을 오픈 했다면 곧바로 쫓아가 클로즈 하지 말자. 곧바로 19를 공략하는 것처럼 다른 영역을 점령해 내 점수를 벌어야 한다. 초반에는 상 대가 점수를 못 올리게 막는 것보다 나의 득점원 확보가 중요하다. 영역 을 많이 갖고 있어도 점수에서 지면 지는 거다.

### 점수를 위에 두고 상대를 압박한다

자신이 없을 때는 이미 오픈된 숫자로 점수를 올리자. 상대보다 점수를 늘 위에 올려놓는 것이 필요하다. 점 수를 뒤지고 있으면 빨리 역전하고 싶어 조급해지면서 미스를 남발할 수 있다. 점수가 앞서 있으면 이런 압박 효과가 있다.

### 흐름이 나쁘면 다른 구역으로 이동

다트는 '이건 꼭 들어간다'라는 강한 확신을 갖고 던져야 한 다. 그러나 두 발이 연속 실패한 경우에는, 고집 부리지 말고 다시 생각하는 것도 필요하다. '지금은 흐름이 좋지 않다'고 인정하고 다른 숫자를 노린다.

이 필요하다. 몇 라운드가 남았는지 체크해가면서 점수 차를 벌려놓아야 한다.

## 고수와는 단기전, 하수와는 장기전이 유리

크리켓 점수는 순식간에 벌어진다. 실력 차이가 심하다면 라운드가 길어질수록 득점 차가 커진다. 나보다 실력이 높은 상대를 이기고 싶으면 짧은 라운드에서 승부를 내야 한다. 득점을 조금이라도 앞서고 있다면 단숨에 승부를 내자. 갑작스런 전개에 상대는 리듬을 찾지 못할 것이고 컨디션이 무너질 가능성이 있다.

반대로 한 수 아래 상대와는 장기전이 유리하다. 상대가 나보다 낮은 실력일 때는 차분히 공격하는 것이 좋다. 게임이 길어질수록 고수가 상대적으로 게임을 유리하게 전개하기 쉬우므로 충분히 득점을 쌓아 상대의 기를 꺾는 게 좋다.

## 15, 16을 잘하게 만들어 놓는다

15와 16을 좋아하는 사람은 많지 않다. 두 숫자 영역의 생김새가 비스듬히 기울어 있어 위아래 허용 범위가 좁아 어렵다. 난이도는 높은데 트리플에 넣어도 50점이 안 된다. 그러나 게임 종반으로 가면 15와 16을 클로즈 하거나 거기서 점수를 올려야 한다. 승패가 기운 가운데 그나마 역전 가능성이 남아 있는 영역이 15와 16이다. 난이도 높은 이 두 곳에 타깃 정밀도를 갖고 있다면 막판에 역전하거나 점수를 벌릴 수 있다.

플레이어들은 20이나 19, 18에 연습 시간을 더 할애한다. 그곳에서 초반 승부가 갈리고 판세가 막판까지 지속되기 때문이다. 하지만 승부는 이 두 곳에서 판가름나는 경우가 많다. 15와 16에 높은 타깃 정밀도를 갖고 있다면 점수 차를 벌리거나 판세를 뒤집을 수 있다. 15, 16 연습을 게을리하지 말자.

---

## 크리켓 케이스 스터디 ❷

### 트리플을 노렸는데 싱글로 들어갔다면…

노린 곳에 100퍼센트 확실히 넣을 수 있다면 상관없지만 미스는 언제나 발생하는 법. 트리플을 노렸는데 싱글로 들어가는 바람에 게임 전개에 혼란이 오기도 한다. 한 예로 아래의 스코어 상황에서 무엇을 노릴지 생각해보자. PLAYER2가 가진 다트는 3개. 미스로 각각의 싱글에 들어갔다고 가정하자. PLAYER2는 어떤 전략을 쓰는 것이 좋을까?

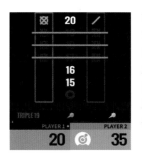

### T19 노리기
T19를 노렸는데 벗어나서 S19-S19-S19로 3개를 다 써서 클로즈 한 경우. 처음에 T19가 S19로 벗어난 시점부터 이후에도 19클로즈를 계속 해야만 하는 좋지 않은 패턴이다.

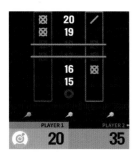

### T16 노리기
T16 겨냥이 빗나가서 S16-S16-S16이 됐다. 19와 20을 클로즈 하지 못했지만 득점원은 확보했다. 다음에 상대가 16을 클로즈해도 다시 원 찬스가 올 가능성이 높다.

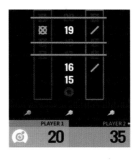

### T20 노리기
T20을 겨냥했는데 어긋나서 S20-S20-S16이 됐더라도 T19를 노릴 때처럼 싱글 하나로 상대는 역전할 수 있다. 셋째 발까지 미스를 만회할 기회가 남은 것이 T19 때와는 다르다.

# 내 주안시는 왼눈일까 오른눈일까

사람은 누구나 두 눈을 뜨고 사물을 보지만 왼쪽과 오른쪽 눈 중 주로 사용하는 눈이 있다. 이것을 주안시(主眼視, dominant eye)라고 한다. 자주 사용하면서 상대적으로 더 발달해 대상을 먼저 잡아내는 눈, 주안시를 알면 에이밍 오차를 줄일 수 있다.

오른손잡이는 대부분 오른쪽 눈이 주안시라고 한다. 오른눈과 오른손이 일치하면 유리하다. 팔꿈치, 팔, 다트, 눈, 타깃이 일직선에 오기 때문에 목표를 정하기 쉽고 손을 똑바로 움직이기도 편하다. 주안시 찾는 방법을 알아보자.

❶ 스로 라인에 서서 두 눈을 다 뜨고 손을 뻗어 엄지를 불에 맞춘다.

❷ 손가락은 움직이지 말고, 왼쪽 눈과 오른쪽 눈을 번갈아 감아본다.

❸ 이때 손가락 위치가 처음 겨눴던 불에서 어긋나는 눈이 있다. 두 눈으로 보았을 때와 변함 없이 보이는 눈이 바로 주안시!

 **한쪽 눈을 감고 조준해도 될까**
다트가 가깝고 좌우 시력에 오차가 있기 때문에, 양쪽 눈을 뜨고 초점을 맞추려고 하면 대상이 흐려져 타깃과 다트를 일직선에 못 맞출 수 있다.

그럴 때는 한쪽 눈을 감고 조준해도 된다. 다트는 정석이 있는 것도 아니고, 가끔 자신의 몸이나 버릇에 맞춰 유연성 있게 대응할 필요가 있다.

한쪽 눈을 감고 조준하는 것이 버릇이 되었다면 거리감을 잃을 수 있으니 조심해야 한다. 스로잉을 시작하기 직전 두 눈을 뜨고 타깃을 보면서 거리감을 찾는 것도 방법이다.

# 과감히 노려도 큰 손해 없게, 벗어나도 싱글이면 OK

크리켓은 불과 함께 6개 숫자만 딱 골라 공략해야 하기 때문에, 같은 숫자라도
01 게임 때보다 겁먹는 경향이 있다. 기본적으로 보드의 세로 라인에 팔을 맞춰
던지기 때문에 크리켓 숫자라고 크게 다를 것은 없다.

크리켓은 유효 영역 7군데를 놓고 겨룬다. 보드 전체의 3분의 2인 14군데 무효 영역에 들어갈 확률을 낮추어야 한다.

크리켓에선 트리플이 최고인 것은 누구나 안다. 하지만 어렵다. 싱글만 3개씩 꾸준히 넣어도 레이팅

15 수준이다.(피닉스다트 기준) 그렇다고 싱글로 만족할 수는 없다. 상대가 더 높은 스탯츠를 기록할 수 있으니 트리플과 더블에 최대한 넣어야 한다.

한 라운드에 싱글 3개씩 넣는 수준이면 에이밍 능력은 탁월하다. 팔꿈치를 고정하고 곧게 세운 팔을

**20, 19, 17은 트리플을 겨누자**
20, 19, 17은 트리플을 노리다가 위아래로 벗어나도 그 숫자 싱글에 들어갈 확률이 높다. 과감하게 트리플을 노리자.

**18, 16, 15는 더블이 유리하다**
18, 16, 15 트리플을 노리다 위아래로 빗나가면 무효 영역에 들어가기 쉽다. 트리플이 우선이지만, 1마크가 되어 있다면 더블 공략을 권한다.

뒤로 당긴 후 다시 내보내는, 다트를 던지는 요령은 크리켓이라고 달라지지 않는다. 과녁 크기에 따라 난이도가 달라질 뿐이다.

스로잉 동작을 몸에 배게 한 뒤 정밀도를 높여야 한다. 트리플은 보드 안에서 제일 작은 곳을 노리는 행위다. 우선 싱글 3개를 거뜬히 넣는 연습부터 해야 한다. 미스 샷을 줄이려면 연습, 또 연습이다.

싱글에 익숙해지면 트리플과 더블을 노린다. 20, 19, 17은 트리플, 18, 16, 15는 더블부터 노리는 것이 유리하다. 20, 19, 17은 트리플을 노리다가 위아래로 벗어나도 위아래가 길어서 숫자 싱글에 들어가기 쉽다. 18, 16, 15는 트리플을 노리다 위아래로 벗어나면 옆 숫자 무효 구역에 들어갈 가능성이 높다. 이 영역은 세로로 긴 더블을 우선하자.

트리플, 더블이 빗나가 싱글에 들어가면 낙담하는 플레이어가 있는데, 이건 큰 문제가 아니다. 유효한 영역에 들어갔으니 미스 샷도 아니다. 싱글에 들어가도 괜찮다는 플레이가 필요하다.

## 영역의 생김새에 따라 에이밍이 달라진다

크리켓 숫자 영역의 '생김새'를 보면서 타깃 각도를 이미지화하는 것이 필요하다. 처음에는 스탠스 위치를 움직여 겨냥해도 되고, 익숙해지면 스로잉 위치를 움직이지 않고 이미지만으로 노린 라인에 던질 수 있다.

오른쪽으로 빗나가는 사람, 왼쪽으로 빗나가는 사람, 각자 버릇이 있지만 어찌 됐든 자신이 늘 던지던 이미지를 유지하는 것이 중요하다. 크리켓은 트리플뿐만 아니라 트리플과 더블에 연연하지 말고 싱글 한 개 한 개가 중요한 게임이다. 싱글에 정확히 넣겠다는 생각을 잊지 말자.

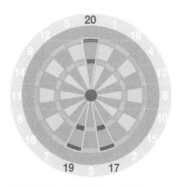

**세로 라인은 팔을 똑바로 휘두른다**

20, 19, 17 타깃은 세로 라인으로 되어 있다. 다트 스로잉의 기본대로 팔을 세로로 똑바로 휘두르면 날아가는 라인이다. 폼이 잘 구축되어 있다면 20, 19, 17 세로 라인 공략은 큰 문제가 안 된다. 좌우로 벗어난다면 다시 한번 '똑바로'를 되새기자.

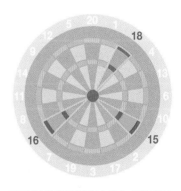

**18과 16은 오른쪽에서, 15는 왼쪽에서**

다트는 같은 힘일 때 거리가 멀수록 아래로 떨어진다. 18과 16은 보드 약간 오른쪽에 서서 노리면 유리하다. 힘이 약한 스로일수록 아래로 날아가서 멀리 꽂힌다. 15는 오른쪽으로 기울어 있다. 그러니 보드 왼쪽에서 노리면 좋다.

---

**POINT**  ▶ **아래쪽 4곳은 가로 라인으로 노린다**

득점 높은 20에서 19, 18 순으로 공격하는 것이 크리켓의 기본 전략. 하지만 높은 순서로 공략하겠다고 노리는 방법을 바꾸면 에이밍이 불안해진다.

포인트는 '가로 라인'이다. 20에서 18로 과녁을 옮긴다면 가로로 이동하기만 해도 높이는 같아서 노리기 쉽다. 16, 19, 17, 15, 4개는 아래쪽 가로 라인에서 노리기 때문에 먼저 이 라인부터 처리하고 위치를 옮기는 것도 시도해볼 만한 전략이다.

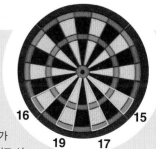

# 부정적 생각을 긍정 에너지로! 마음 근육 키우기

스포츠는 땀 흘린 만큼 결과가 나온다. 하지만 연습량이 같아도 등수는 다르다.
체력, 상대 분석, 작전도 중요하지만, 선수 개인의 마인드가 큰 비중을 차지한다.
결정적 순간의 압박감을 얼마나 잘 이겨내느냐에 승패가 갈린다.

## 내 탓으로 돌리지 않는다

크리켓 게임에서 잘 나가다가 포인트를 올릴지 상대의 영역을 클로즈 할지 결정하지 못하고 허둥대다 역전을 허용한다. 결정적 순간의 실수가 한두 번이 아니다. "왜 그런 터무니없는 선택을…" "내 배짱으론 다트 못하겠다…" 이런 네거티브 사고는 금물이다. 실패를 내 탓으로 돌리지 말아야 하고, 내 단점은 바로 알아야 한다. '나는 좋지 않은 플레이어다'라는 결론은 잘못됐다. 나쁜 점도 연습과 경험으로 극복할 수 있다. 긍정적 사고 회로를 키우자. 강한 선수들은 자신이 제일이라는 강한 신념을 가지고 있다.

## 실전 면역력을 키우자

실제처럼 압박 받는 상황을 만들어 연습해보자. 다트를 던질 때, 친구도 가상의 적으로 생각하고 경쟁심을 불태우자. 시끄러운 음악이나 테이블의 소음에도 흐트러지지 않는 집중력을 키우자. 실제 토너먼트는 그보다 더 상황이 안 좋다. 연습 다트를 던지는 것이 아니라, 실전이라고 생각하고 다트 하나하나를 소홀히 하지 않도록 한다. 사실처럼 연마하면, 실전에서는 연습처럼 마음 편할 수 있다. 적절한 '내기'를 하는 것도 동기를 부추기는 방법이다.

## 나만의 루틴을 갖는다

다트나 사격, 양궁처럼 집중력을 요구하는 스포츠에서는 반복 동작을 몸에 익혀 불안감을 극복한다. 이 동작을 '루틴'(routine)이라고 한다. 최상의 능력을 발휘하기 위해 만든 자신만의 고유한 동작이나 절차. 이를 통해 불안 요소를 없애고 집중력을 높인다. 셋업부터 폴로 스루까지 몇 번을 던져도 같은 동작이어야 하고 걸리는 시간도 똑같다. 일관된 리듬과 템포나 루틴은 규칙적 훈련을 통해 만들어지고, 이것이 완성되면 무의식적으로 움직인다. 정해진 행동을 한 치의 오차 없이 자동으로 반복하는 것이 루틴이다. 안 좋은 습관도 루틴이 되면 심리적 안정감이 들고 실수할 확률이 줄어든다.

## 스트레스를 즐겨라

두려움이 닥쳐도 긍정적인 면을 상상하면 스트레스가 아니다. 다트는 한 발 남았고 꼭 더블에 넣어야 하는 상황에서 '정말 싫다!' 같이 부정적 압박을 하면 아웃보드 가능성이 높다. 하지만 고난도를 기다렸다는 듯이 의욕이 샘솟으면 성공 가능성이 높다. 어차피 실패 가능성이 존재한다면, 긍정적 자세로 임하자. "나 자신과 싸움에서 이겼다!"는 말은 진부한 표현이지만 진실이다. 결정적 순간에 새가슴을 강심장으로 만든 사람이 성공한다.

## 몸의 기억으로 던진다

몸으로 기억하면 까먹지 않는다. 근육 퇴화만 없다면 영구할 수 있다. 다트는 팔 동작의 숙달이다. 젓가락질, 수영, 자전거를 타는 것도 몸의 기억이다. 한 치의 오차 없이 자동으로 할 수 있는 단계에 이르려면 반복, 반복, 반복 훈련뿐이다. 몸이 자동으로 움직이면 산만한 정신이 들어올 틈을 주지 않는다. 다트를 던질 때마다 계산하고 기억하려고 머뭇린다면 동작이 몸에 밴 사람을 이길 수 없다.

## 징크스란 원래 없다

이제까지 좋은 성적을 냈다면서 노란색 플라이트만 고집한다. 근데 준비를 못하고 엉뚱한 것을 던지다 예선 탈락. 돌이켜보면 빨간색 플라이트를 썼을 때 입상한 적이 있다. 그땐 그 생각을 하지 않는다. 미신은 그렇게 마음 속에 자리잡는다. 평소 안 하던 행동을 했더니 긍정적으로 달라지면 다음에도 그렇게 하길 고집한다. 그러지 못하면 불안해진다. 징크스는 실패로 가는 덫이다. 처음부터 징크스를 만들지 말라. 과학적 근거도 없는 것에 나를 구속하지 말자.

## 마음에 담아두지 마라

한 번 겪은 실패를 반복할까 두려운 심리가 있다. 불안감은 한 발씩 던질 때마다 따라다닌다. 실패의 기억이 두려움의 원인이지만, 실패도 해봐야 성공한다. 스로 라인에 섰을 때는 두 가지밖에 없다. 목표지점에 들어가거나 빗나가거나. 도전을 받아들여야 한다. 다트는 그 어느 스포츠보다 자신감이 승패를 좌우한다. 육체적으로 힘든 종목도 아니다. 실수한 샷을 마음에 담아두지 말자. 지난 실수는 지워버리고 도전해야 할 새로운 과녁만 신경 쓰자.

## 말이 씨가 된다

스포츠는 단순하다. 땀 흘린 만큼 결과가 따라온다. 같은 노력을 해도 결과가 다른 건 '긍정 마인드'의 차이다. 위험에 처하는 순간 '재수 없다'거나 '이번엔 안 되겠다' 같은 부정적인 말을 내뱉는다. 이런 말이 땀 흘린 만큼 결과를 내지 못하는 원흉이 된다. 말이 행동이 되고 결과로 나온다. 다트를 손에 쥐고 겨냥하면서 "이 다트 하나로 게임을 끝낼 수 있는데, 내가 여기서 빗나간다면 사람들은 나를 비웃겠지?" 걱정하는 순간 다트는 엉뚱한 곳에 꼽힐 확률이 51퍼센트를 넘어선다. 자신감이 압박감을 넘어야 한다.

# 슬럼프와 입스

원인과 증상은 다양하다. 슬럼프에서 탈출하려면 먼저 그 놈을 알아야 한다.
두려워하기만 하면 더 크게 다가올지 모른다.
슬럼프가 무엇인지 알면 의외로 극복할 실마리를 찾을 수 있다.

컨디션이 좋을 때도 있고 나쁠 때도 있다. 상황이 안 좋다고 슬럼프와 직결되는 것은 아니다. 슬럼프는 '몸이나 마음 상태가 일정 기간 저조한 상태'다. 컨디션이 나쁜 것은 곧 돌아오고, 슬럼프는 나쁜 상태에서 좀처럼 빠져나오지 못한다.

슬럼프가 오는 유형은 두 가지다. 하나는 원인불명 타입. 갑자기 다트가 들어가지 않고, 원인을 모르니 대처할 수도 없다. 다른 하나는 몸의 고장이나 폼을 바꾸면서 몸이 흐트러졌는데, 이를 교정한 뒤에도 부진에서 빠져나오지 못하는 타입. 공통점은 '원인을 모른다'는 사실이다.

## 마음이 몸을 지배하는 심리 상태
다트처럼 멘탈 측면에서 스트레스가 많은 스포츠는 심리 상태가 플레이에 큰 영향을 미친다. 연습한 대로라면 들어

가야 맞지만, 초조나 안달이 상황을 악화시켜 과녁이 계속 빗나간다. 이것이 장기화하면 슬럼프다. 자신감 있고 완벽한 다트를 추구하는 사람일수록 조금만 흐트러져도 그것에 신경을 쓰면서 상태가 나빠진다.

심리 상태가 나빠 생긴 슬럼프는 어떻게 해야 할까. 의도적으로 릴렉스 하여 던져본다. 게임 전에 음악을 듣거나, 눈을 감고 다트 이외의 것을 생각하는 것이 좋다. 약간의 음주가 효과가 있다는 의견도 있다.

의도적으로 릴렉스 한다면 그 자체가 스트레스일 수 있다. 자신의 상태가 나쁘다고 자각하는 것 자체가 자신을 궁지로 모는 결과가 되기 때문이다. 뭔가를 시도하면 할수록 나빠지는 '디플레 스파이럴' 같은 하강 곡선을 그려 슬럼프에 빠지는 것이다.

하지만 실제 스포츠 세계에서 '멘탈 트레

이닝'이란 것이 있다. 슬럼프에 빠진 선수에게 일정 기간 아무것도 하지 않고 놀게 한다. 다트로만 향한 사고를 다른 곳으로 돌린다. 잘 들어가지 않는 다트를 들고 연습에 열중하는 상황은 증상을 악화시킬 뿐이다. 다트를 잘하려면 다트를 잊어야 한다.

## 슬럼프 자체를 의식할수록 더 나빠져

슬럼프 기미가 느껴지면 욕심을 잠시 내려놔야 한다. 승패를 겨루는 것이 아니라, 다트를 처음 접했을 때처럼 재미있게 웃고 떠드는 게임으로 돌아가자. 성실하게 연습에 몰두해 좋은 결과를 강하게 바라는 플레이어에게 슬럼프가 온다. 슬럼프 때만큼은 스코어에도 신경 쓰지 말고 즐기길 바란다.

슬럼프 때는 압박감 때문에 손과 어깨가 영향을 받아 평소와 다른 자세가 나온다. 이럴 때는 스로잉을 영상으로 찍는 것도 좋다. 컨디션 좋을 때와 슬럼프 때를 비교해서 객관적으로 분석할 수 있다. 어깨나 팔이 구부러지고 있는지, 몸 어느 부분이 문제였

는지 사실로 이해하는 것이 필요하다.

플레이어 특유의 슬럼프 극복법은 수배 가지일 것이다. 공통적으로 말할 수 있는 것은 슬럼프라는 사실 자체를 의식하지 않는 것이다. 기분 전환이나 릴렉스, 친구와 재미있게 즐기기, 그냥 단순하게 다트를 던지는 즐거움만 떠올린다. 자세를 바꾸고 다트를 바꿔서 달라질 일이 었으면 이미 걱정도 아니다. 어디가 안 좋아서 슬럼프를 겪고 있는 경우는 없다. 대부분 원인을 모른다.

슬럼프의 정체는, 내 안에 있는 향상 욕구나 완벽주의가 방향을 잘못 잡아 스스로에게 송곳니를 드러낸 상태다. 부진한 상태가 길게 이어진다고 해서 곧바로 '내가 슬럼프에 빠졌다'는 식으로 고민하지 않길 바란다. 그것이 슬럼프 극복의 첫걸음이다.

## 심인성 불안장애 '다타이티스'

입스(YIPS)는 골프에서 온 단어다. 가장 중요한 순간에 굳은 듯이 클럽을 움직이지 못하는 심인성 불안장애. 다트 입스는 '다타이티스'(dartitis)라고 한다. 스탠스를 취한 채 팔을 움직이지 못하거나, 테이크백을 해놓고 손이 나가지 않는다.

입스는 조금만 빗나가도 결과가 크게 벌어지는 종목에서 나타난다. 사격, 양궁, 당구 같은. 두 발을 땅에 댄 정적인 동작으로 시작하며, 상대를 의식하지 않고 모든 걸 내가 판단하고, 손을 사용해 목표지점에 보내는 스포츠에서 공통적으로 나타난다.

입스도 슬럼프 증상의 하나다. 이기겠다는 욕심이 클수록 증상이 심해진다. 승부를 결정하는 중요한 순간. 근육이 긴장하고 교감신경이 흥분하여 떨거나

땀이 난다. 이것이 극심하면 공황장애라고 한다. 입스는 공황장애가 극히 짧은 시간에 왔다가 사라지는 것이라고 해석하기도 한다.

입스의 원인은 '실수에 대한 불안감'이다. 두려움을 떨쳐야 한다. 입스가 일어날 실력이면 나쁜 자세를 가지지 않았다. 정신적 문제다. 부정적 생각을 버리고 긍정적이고 논리적으로 생각하는 습관을 들이자. 네거티브한 감정은 누가 주입한 것이 아니고 자신이 만든 것이다.

긴장은 오버를 부르고 지나친 승부욕은 실수를 낳는다. 이 한 발 실수하면 진다는 강박이 몸을 통나무처럼 굳게 한다. 미스가 나올 수밖에 없다. 입스를 해결하는 방법은 연습 때와 같은 편안한 마음과 자신감이다.

# 배럴은 왜 텅스텐인가

그 옛날 배럴은 단단한 재질의 나무로 만들었다. 강철 시대를 거쳐 황동 시대가 있었다. 황동은 가공이 쉽고 가격이 싸서 전성기가 있었지만, 지금은 하우스 다트로 남아 있다.

현대 다트 배럴의 대세는 텅스텐이다. 텅스텐이 배럴의 주 소재가 된 것은 비중 때문. 비중은 무게를 부피로 나눠 계산한다. 철이 7.87, 황동은 8.5, 텅스텐이 19.3이다. 텅스텐이 황동보다 두 배 이상 비중이 높다. 비중이 높다는 것은 부피에 비해 질량이 크다. 즉 밀도가 높다는 뜻이다.

왜 비중이 높은 금속을 사용할까? 같은 무게라도 가늘게 만들 수 있기 때문이다. 그러면 적

중률이 높고, 좁은 곳에 3개를 넣는 그루핑이 쉽다. 비중이 가장 높은 금속은 플라티늄(백금)이다. 무려 21.45이다. 이것으로 배럴을 만들면 좋지만 값이 비싸진다.

텅스텐 배럴은 원석을 추출한 뒤 가루를 내서 초고온에서 니켈 같은 다른 금속과 혼합하여 봉 형태로 만든다. 그리고 컴퓨터 조각기(CNC)를 이용해 다양한 무늬로 깎는다. 텅스텐 순도 100퍼센트 제품도 가능하지만 쉽게 부러지기 때문에 다른 금속을 섞는다.

보통 배럴의 텅스텐 순수 함유량은 90~95퍼센트쯤이다. 텅스텐 함유량이 높을수록 배럴 가격이 비싸지는 것 당연하다.

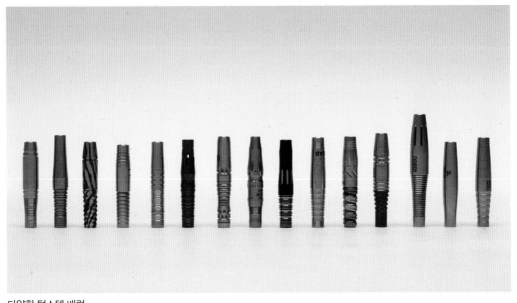

다양한 텅스텐 배럴

# PRACTICE & GEAR

# GEAR

# 연습과 장비

# BULL 공략하기

이글거리는 황소의 눈빛처럼 '불스 아이'라는 근사한 이름을 가진 앙증맞은 동그라미.
다트를 해보지 않는 사람은 이곳에 넣기 위해 온 힘을 다한다.
다트 플레이어가 빨리 익숙해져야 할 숫자는 50이다. 연습만 하면 가장 쉬운 과녁이 될 수 있다.

영어 'Hit the bull's eye!'는 과녁을 정확이 맞힌다는 뜻이다. 관용적 표현으로는 '핵심을 정확히 찌르다' '최후의 일격을 가하다' '그래 바로 그거야!'라는 의미를 가지고 있다. 불은 다트에서 핵심이고, 상대에게 일격을 가할 수 있는 무기다.

퍼펙트 토너먼트에서는 더블아웃 룰을 채용하면서 불 세퍼레이트를 적용한다. 그래서 고수들끼리는 그 룰로 연습하기도 한다. 경기 때는 20트리플 공략에 힘을 쏟지만 연습 때는 불 연습을 게을리 하지 않는다. 그만큼 중요한 구역이기 때문이다.

다트에서 가장 높은 점수는 20트리플, 60점이다. 보상이 큰 만큼 리스크가 크다. 면적을 비교하면 트리플보다 50점짜리 불이 더 넓다. 보통의 토너먼트에서 불 안쪽과 바깥쪽 모두 50점이다. 넓은 쪽을 노리는 것이 효과적이다. 01 게임 승리의 지름길은 불 공격이다.

불이 중요한 이유는 가운데 있어서가 아니다. 불을 정확히 노릴 실력이면 원하는 다른 영역도 맞힐 수 있기 때문이다. 불을 기준으로 연습한 다음 허리 각도를 조절하거나 몸통을 돌리는 식으로 다른 영역을 맞힐 수 있다. 다른 구역을 노릴 때 그곳이 불이라고 생각하고 달라지는 거리와 높낮이만큼 힘 조절을 하면 된다.

바깥쪽 싱글 넓은 부분은 불이 쏙 들어가고도 남는 넓이다. 다트를 정확히 불에 꽂을 수준이면 원하는 싱글 구역에 넣는다. 트리플과 더블 크기는 불보다 작기 때문에 맞히기 어렵다. 어쨌든 불을 맞히는 정밀도를 높이면 어느 구역이든 넣을 확률이 높아진다.

## 초보자를 위한 불 연습법

### 1단계 … 보드 안에 다트 10개를 꽂는다

처음에는 누구나 불에 넣고 싶다. 우연이 아닌 이상 초보자는 불에 넣을 수 없다. 들어가면 좋겠지만 그것은 염두에 두지 말고 욕심도 내지 말자. 어디에 꽂혀도 상관없다. 아웃보드(숫자 바깥쪽 검은 부분)를 제외한 더블링 안쪽 보드 전체에 10발을 던져 모두 넣는 것을 목표로 한다. 미스 샷만 없으면 된다.

### 다트를 던지는 기본을 익힌다

조준은 불을 보고 한다. '더블 링 안쪽에 다트를 넣겠다'는 생각만 하라. 다트 10개를 모두 보드에 꽂는 연습을 한다. 아웃보드이거나 모니터에 맞고 떨어지는 미스 샷이 하나라도 나오면 다시 10개를 던진다. 던질 때 다트 끝이 수평이나 아래를 향하고 있지 않은지 확인한다.

### 2단계 … 트리플 링 안쪽에 10개를 넣는다

다음 단계는 더 안쪽이다. 2단계는 '자신의 버릇을 파악할 수 있는' 기회를 제공한다. 범위를 줄여 트리플 링 안쪽에 다트를 넣는다. 목표물 크기를 점점 줄여가면서 집중해 던지면 실력이 늘고 있음을 실감하고 다트가 갈수록 재미있어질 것이다.

### 과녁이 빗나가는 원인을 알 수 있다

여러 번 던지다 보면 자신의 습관을 발견하게 된다. 던진 다트가 겨냥했던 곳보다 오른쪽에 꽂힌다거나 밑으로 떨어진다거나, 일정한 방향으로 엇나가는 것을 볼 수 있다. 오른쪽으로 많이 빗나가는 편이라면 스탠스 위치를 왼쪽으로 조금 옮긴다든지, 겨냥한 곳에서 위나 아래로 흩어진다면 허리 각도를 조정해 스로잉 교정 방법을 익히는 단계다.

### 3단계 … 세 발을 최대한 불 가까이 모은다

드디어 다트에서 가장 중요한 타깃인 불을 노리는 연습을 시작하자. 어려울 것 없다. 얼마나 정확하게 불에 들어갈지도 중요하긴 하지만, '불 근처로만 가면 OK'라는 생각으로 가볍게 던지자. 되도록이면 다트가 같은 곳에 모이도록 던지는 것이 목표다. 이것이 바로 그루핑이다.

### 불과 멀어도 모이기만 하면 성공이다

처음에 노린 곳을 빗나가도 한곳에 얼만큼 모여 있는지를 중시한다. 불을 노리면서 던진 첫 발이 빗나가면, 둘째 발은 불을 겨냥하지 말고 첫 발이 들어간 곳을 노린다. 셋째 발 역시 둘째 발이 들어갔던 곳을 다시 겨냥한다. '꼭 불에 넣고 말겠다'고 고집하지 말고, 바로 앞서 던졌던 곳을 노려 세 발을 모이게 한다. 세 발 모두 불에 넣기 위한 지름길이다.

## PRACTICE 2

# 그루핑과 에이밍 훈련

다트에서 불이 얼마나 중요한 구역인지는 앞에서 설명했다.
불 맞히기의 정밀도를 높이는 연습. 강력한 다트 플레이어가 되려면 기본적으로 불과 친해야 한다.
그루핑 연습을 통한 불 맞히기 방법을 소개한다.

다트를 잘 던지려면 편하게 던질 수 있는 밸런스
를 찾아야 한다. 그래야 몸이 피곤하지 않고 연
습도 오래할 수 있다. 몇 번이고 던져보고 기분 좋게 날아갔
던 편안한 자세를 가지면 된다. 그리고 중요한 것이 '그루핑'
(grouping) 능력이다. 다트 세 발을 던졌을 때 모여 있는 정도를
말한다.

애초에 노린 곳에서 빗나가더라도 빗나간 첫 발을 따라 둘째
발과 셋째 발을 던져 세 발이 한곳에 모이게 연습한다. 스로의 일
관성을 유지하는 방법이며, 영점 조준을 잘한다는 증거가 된다. 초보
자는 보드 전체를 노리는 것부터 시작해, 다음에는 트리플 구역 안쪽,
마지막에 불 주변으로 타깃을 좁히는 방식으로 연습한다. 그
루핑 정밀도가 향상되지 않을 때에는 자세를 바꿔보는 것
이 필요하다.

## 그루핑과 에이밍 훈련을 함께

목표 면적을 넓은 쪽에서 안쪽으로 좁혀가면서 그루핑 연습을 할 수도 있고, 보드를 갈수록 잘게 쪼개가면서 할 수도 있다. 처음엔 반쪽에서 시작해 4분의 1로 좁히고 갈수록 세그먼트의 개수를 줄여 면적을 좁혀가며 하는 방법이다.

11과 6을 연결하는 라인을 반으로 나눠 다트 3개중 2개는 위에, 1개는 아래에 던진다. 다음은 위에 1개, 아래 2개를 던진다. 다트 개수를 나눠서 넣었으면 이제 위에 3개, 아래 3개, 다시 위에 3개를 번갈아넣어본다.

그루핑 연습이기도 하고, 위아래 구역 나누기를 통해 몸의 높낮이를 맞추는 연습도 겸할 수 있다. 처음에는 양 옆 스로잉은 생각하지 말고 위아래만 생각하고 던진다. 위아래를 구분하여 넣을 줄 알면 좌우 던지는 방법은 어렵지 않다.

위아래 공략하기가 웬만큼 스로잉이 되면 이제는 보드를 4분할 한다. 위아래를 세로로 하나 더 자른다. 그런 다음 아래오른쪽, 위왼쪽, 아래왼쪽, 위오른쪽으로 나눠 번갈아 던진다.

각 구역에서 벗어나지 않는 스로잉이 되면 3개 세그먼트를 묶어서 던지고, 다음 단계는 2개 세그먼트로 줄여 나간다. 보드의 1/4이 3/20이 되고 1/20이 된다. 영역 2개 묶음에 그루핑을 확실히 할 정도면 고수로 가기 직전이고, 세그먼트 1개에 다트 3개를 넣는 그루핑에 성공하면 고수 소리를 들을 만하다.

불을 포함해 처음에는 넓은 범위에서 시작해 노리는 범위를 점점 좁혀 나간다.

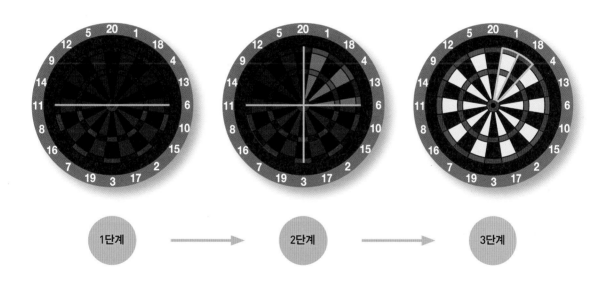

**11과 6 라인을 기준으로 하여 다트를 위아래 번갈아 던진다.**

6과 11을 연결하는 라인을 위아래로 나눈다. 처음에는 '위 – 위 – 아래' '아래 – 아래 – 위'를 공략하는데 다트 2개와 1개를 나눠서 넣는다. 이게 가능해지면, '위 – 아래 – 위' '아래 – 위 – 아래'로 번갈아 1개씩 넣는다.

**11과 6 라인, 20과 3 라인을 기준으로 보드를 4등분하여 상하좌우 번갈아 에이밍 한다.**

6과 11 라인을 위아래, 20과 3 라인은 좌우로 잘라 에이밍 한다. '위오른쪽 – 아래왼쪽 – 위오른쪽' '위왼쪽 – 아래오른쪽 – 위왼쪽' 순으로 멀리 떨어진 영역을 번갈아 노린다.

**세그먼트 수를 3→2→1로 줄여서 노리는 범위를 좁혀간다.**

하나의 숫자 영역(싱글, 더블, 트리플) 파이를 1장으로, 노리는 범위를 3곳을 묶고, 2곳을 묶고, 마지막엔 1곳 분량으로 줄여 나간다.

### 그루핑은 다트를 모으는 훈련

겨눈 곳에 다트를 꽂을 때 필요한 것은 집중력과 자신감. 집중력은 멘탈 문제이고, 자신감은 연습을 거듭하는 방법으로 키울 수 있다. 자신이 원하는 곳에 다트를 넣으려면 어떤 연습을 해야 할까. 다트를 막 익히기 시작한 사람은 누가 말하지 않아도 한가운데부터 노리고 던진다.

노린 곳에 들어가지 않았을 때. "아, 아래로 갔다. 그럼 좀 더 위로! 너무 위로 갔네. 이번엔 좀 더 아래로 해볼까. 아… 왼쪽으로 갔네." 이런 식으로 던지는 사람이 있다. 1스로에 던진 3개가 모두 다른 구질로 들어간 것이다.

연습 때는 3개를 던질 때까지 던지는 방법을 바꾸지 않는다. 노리는 방법을 바꾸는 것은 이전 라운드 구질을 기억해두었다가 다음 라운드에서 적용해보자.

❶ 초보자 대부분은 세 발이 각각 다른 방향 중구난방으로 날아간다. 다트가 꽂힌 지점을 선으로 연결하여, 보드 위에 큰 삼각형이 그려진다. 조준은 불을 목표로 한다.

❷ 던질수록 삼각형 크기가 작아지는 것을 목표로 한다. 꽂히는 곳의 숫자나 트리플이니 더블이니 하는 배수도 상관하지 않는다. 처음보다 조금 불에 가까워진다.

❸ 삼각형이 불 사이즈와 비슷하게 된다. 다만 불에서 많이 어긋나 있다. 허리의 각도와 몸통의 좌우를 조정하여 과녁보다 위나 옆으로 빗나간 것을 조정한다.

❹ 드디어 불에 가까이 갔고 일부는 불에 들어갔다. 집중하여 불을 향해 던진 결과다. 이것이 익숙해지면 세 발 모두 불에 들어가는 해트 트릭도 어려운 문제가 아니다.

• 시작 단계에서는 불 가까이 가지 않아도 괜찮다. 어디 꽂히는지 신경 쓰지 말고 세 발을 한 곳에 얼마나 가깝게 모을지에 집중한다.

---

## 불 맞히기 연습에 좋은 게임들

### COUNT UP

불 맞히기 정밀도를 높이는 가장 좋은 연습 게임은 역시 '카운트업'이다. 다트를 막 시작할 때 맨 처음 접하는 게임이다. 던지는 대로 점수가 올라가고 특별히 어려운 룰도 없다. 실력이 곧바로 득점으로 표시되기 때문에 실력의 오르내림을 바로 확인할 수 있다. 총 8라운드를 치러 몇 점을 올렸는지 겨룬다. 팻 불이 기본 룰이다.

카운트업에서 중요한 것은, 목표 점수를 확실히 정하고 연습하는 것이다. 목표까지 필요한 점수를 숫자 자체가 아니라 불의 개수로 계산하는 것도 필요하다.

목표까지 가려면 불 몇 개를 더 맞혀야 하는지 의식하고 던지자. 불에서 한 발도 벗어나지 않겠다는 긴장감과 집중력을 가져야 실력이 향상된다.

라운드마다, 다트 하나를 던질 때마다 실시간으로 점수를 계산해 예상되는 최종 점수를 모니터가 알려주니 스코어 관리가 가능하다.

## 1. 초급자라면 500점 이상!

한 라운드에 불이 최소 한 개 들어간다 치면 50×8로 400점. 불을 맞추지 못했을 때 1부터 20까지 싱글에 맞은 평균점을 10점, 두 발이니까 20점이다. 8라운드에 걸쳐 160점. 합계 560점이다. 불이 한 발도 안 들어간 라운드가 두 번 정도 있다고 치면 약 500점이다.

## 2. 중급자는 800점 이상!

라운드당 평균 100점 두 발의 불이 필요하다. 평균 두 발을 목표로 한다는 얘기다. 중급자는 그루핑 정밀도가 높기 때문에, 세 발 모두 같은 구역에 얼마나 모이게 할 것인지를 목표로 삼자. 라운드마다 따로 떼어서 생각하지 말고, 셋째 발 느낌을 다음 라운드 첫 발로 이어지게 하는 리듬이 중요하다.

## 3. 최상급자는 1000점 목표!

모든 라운드에서 불을 맞히면 1200점이다. 1000점을 넘긴다는 것이 얼마나 힘든지 알 수 있다. 네다섯 발까지는 불을 못 맞혀도 괜찮다는 가벼운 마음으로. 매 라운드가 아닌 24발 연속 같은 느낌으로 던진다. 리듬을 의식한 플레이가 중요하다. 목표 점수가 가까워질수록 부담감이 커진다. 몇 라운드 하지도 않고서 목표 달성이 어려워졌다고 포기하지 말자.

---

카운트업 게임만 불 맞히기 연습에 도움이 되는 것은 아니다. 기분 전환을 위해 다른 게임으로 불 연습을 하는 것도 좋다. 불은 소프트 다트에서 가장 중요한 구역이다. 20트리플 연습에 시간을 투자하는 것도 나쁘지 않다. 피닉스다트 머신에서 서비스하는 편준 게임을 소개한다.

● ARCHERY

다트를 양궁 보드로 바꿔 득점을 겨루는 게임으로, 프랙티스 메뉴에 있다. 맞춘 장소에 따라 점수가 더해진다. 중심에 가까울수록 점수가 높기 때문에, 불 겨냥이 최고! 8라운드 동안 던진 다트가 총알 자국으로 표시된다. 자신의 편향된 버릇 등 스로잉 경향을 한눈에 알 수 있는 것이 게임 포인트. VS피닉스S에서만 지원한다.

● BULL SHOOT

득점이 더해지는 구역이 오직 불뿐인 카운트업. 보통의 카운트업은 불을 빗나가 다른 구역에 들어가도 득점이 더해진다. 하지만 불 슛은 그것이 없어서 점수가 대체로 낮다. 같은 목표 점수라도 불 슛의 난이도가 높기 때문에, 던질 때 집중도를 높이는 연습을 하기에 좋다. 싱글 불은 25점, 더블 불은 50점, 명확히 구분한다.

▶ GROUPING SCORE

그루핑 스코어는 게임이 아니다. 피닉스다트의 VS피닉스S4 기종에서 01 게임, 스탠더드 크리켓, 카운트업을 하면 하단 모니터는 그루핑 스코어를 보여준다. 연습용 불 슛과 하프잇 게임에서도 가능하다. 다트 3발이 비슷한 곳에 모여 있을수록 스코어가 낮아진다. 스코어가 20보다 낮으면 상급 레벨에 든다.

# 팁의 규격과 길이

다트가 날아가 보드에 박히면서 점수를 인식시키는 다트의 가장 앞부분이 팁(tip)이다. 보드에 잘못 맞거나 바닥에 떨어지면 구부러지거나 부러진다. 소모품이다. 언제든 갈아 끼울 수 있게 여분을 많이 준비해야 한다.

팁은 배럴과 연결하는 나사 형태에 따라 구분한다. 배럴이 암(凹) 나사 형태로 된 것을 2BA, 수(凸) 나사로 된 것을 4BA라고 한다. 연결하는 배럴의 규격에 따라 팁도 그렇게 나눈다. 2BA 배럴을 가졌으면 팁도 2BA여야 한다는 뜻. 4BA 배럴은 브랜드에 따라 ACUTE 또는 SLEEK이라고 한다.

No.5 모델도 있다. 소프트 다트를 스틸 다트 같은 감각으로 던지고 싶은 요구에 응한 제품이다. 나사 직경을 더 줄이고 배럴도 샤프하게 디자인해 그루핑에 유리하다.

팁에서 중요한 것은 강도. 큰 차이는 없지만 비용을 중시한다면 짧은 것을, 긴 것을 좋아하는 사람은 부러뜨리지 않게 좋은 스로를 하기 바란다. 긴 팁은 배럴과 거리가 멀어 그루핑에 유리하고, 잘 꽂히는 대신 박힐 때 요동이 심하다. 숏과 롱 사이 중간 팁을 많이 선택하는 편이다.

## 규격

**2BA**
배럴이 2BA 규격이어야 한다.
모양과 종류가 다양하다.
초보부터 프로까지 사용자가 많다.

**4BA**
배럴이 4BA 규격이어야 한다.
팁이 배럴 끝을 덮는 이미지.
무게중심을 앞쪽으로 가져온다.

**No.5**
배럴도 No.5여야 한다.
2BA 보다 직경이 1.6mm 가늘다.
직진성이 강하고, 그루핑에 유리하다.

## 길이

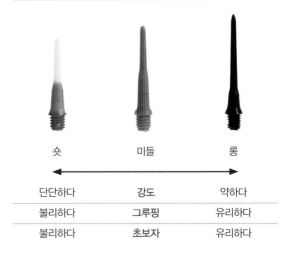

| 숏 | 미들 | 롱 |
|---|---|---|
| 단단하다 | 강도 | 약하다 |
| 불리하다 | 그루핑 | 유리하다 |
| 불리하다 | 초보자 | 유리하다 |

# 배럴 선택의 포인트

배럴(barrel)은 다트 4파트의 중심이다. 위치도 중심에 있고, 그래서 무게중심이 되고, 당연히 중심 역할을 한다. 던지기 위해 필요한 무게를 확보하고, 튼튼한 그립을 제공한다.

표적 스포츠 가운데 손에 도구를 직접 쥐고 하는 종목은 다트가 유일하다. 창 던지기는 거리를 겨루는 종목이고, 사격이나 양궁은 총과 활을 사용해 목표물을 맞힌다. 다트는 손가락에 전해지는 감촉과 무게, 그립의 강도를 배럴에서 느낄 수 있다.

다트를 막 시작한 플레이어는 어떤 기준으로 배럴을 골라야 할지 막막하다. 배럴은 소재에 따라 무게가 다르고 형태도 다르다. 재료와 형태가 다르면 날아가는 모양이 달라진다. 소재는 비슷해도 다양한 컬러나 정교한 디자인을 한 독특한 배럴도 많다.

배럴을 선택하기 위한 포인트는 무엇일까. 복잡할 것이 없다. 직접 잡고 던지기 때문에 '잡기 편하고 감촉 좋은 것'이 최고다. 불편하면 안 된다. 꼭 이걸 선택해야 한다는 정답도 없다. 맘에 드는 것을 찾을 때까지, 눈길 가는 것을 골라 던져보고 내 감각에 맞는지 확인하자.

## ▌커팅

컷(cut)이란 쥐기 편하고 던지기 쉽게 하기 위해 배럴 표면에 새기는 가공을 말한다. 컷을 기준으로 그립 위치를 결정하는 플레이어가 많다.

### 링컷
세로로 홈을 판 스탠더드 타입. 너무 걸리지도 미끄러지지도 않는, 배럴에서 가장 많이 채용하는 방식. 초보자가 다루기 쉬운 기본 커팅이다.

### 샤크컷
컷이 비스듬하게 깎여 마치 물고기 비늘 같다. 강한 걸림을 원하는 플레이어들이 좋아한다. 확실한 걸림을 느낄 수 있어 그립 감이 안정적이다.

### 컷리스
그립부에 컷이 없다. 배럴이 걸리는 걸 싫어하는 사람을 위한 제품. 무게중심 찾기가 힘들고, 땀이나 건조 등 손 컨디션에 성적이 좌우될 수 있다.

**CHECK! 손가락에 걸리는 느낌은**
그립 했을 때, 손가락에 거는 상태와 손을 뗄 때 감각은 컷에 따라 달라진다. 샤크컷과 폭이 넓은 링컷은 거는 느낌이 강하고, 미세 링컷은 거는 느낌이 약하다. 컷리스는 거는 느낌이 거의 없다.

**CHECK! 그립에 가하는 힘도 기준**
그립에 힘을 많이 주는 사람은 릴리스 때 걸리는 것을 막기 위해 걸림이 약한 것을, 가볍게 그립 하는 사람은 빠지는 것을 막기 위해 걸림이 강한 컷을 선호한다. 초보자는 거는 느낌이 강해야 안정적으로 느껴진다.

## 형태

### 톨피도

어뢰(Torpedo)처럼 생겼고, 포탄형이라고도 한다. 볼록한 부분 때문에 그립 위치를 알기 쉽다. 무게중심이 앞에 있는 제품은 다트에 힘을 전달하기 좋아 초보자가 다루기 쉽다. 그루핑 때는 다트가 튕겨나갈 수 있다.

### 스트레이트

모양 변화가 없고 길쭉하고 날씬한 배럴이다. 굵은 부분이 없어서 그루핑에 유리하다. 긴 스트레이트 타입은 그립 포인트가 일정하지 않다. 모양 변화가 없이 밋밋해서 싫증날 수도 있다.

**CHECK! 다트에 힘 전달 좋은 톨피도**

톨피도는 굵게 되어 있는 부분에서 힘이 전해지기 때문에 안정적이다. 손가락 제2 관절 부근에 깊게 그립 해서 푸시 타입으로 밀어주는 릴리스를 하는 사람에게 적합하다.

**CHECK! 스윙형 릴리스는 스트레이트**

스트레이트 타입은 가늘기 때문에 깊게 그립을 해도 불안정하다. 얕은 그립으로 스윙형 릴리스를 하는 사람에게 적합하다. 초보자에게 권할 타입은 아니다.

## 무게중심

### 앞 중심

날아갈 때 옆에서 보면 포물선인데도 직선인 것처럼 보일 만큼 다트의 힘이 좋다. 자연스럽게 다트에 힘을 전달하는 것이 쉬워 초보자에게 적절하다.

### 가운데 중심

스트레이트 배럴이 대부분 가운데 중심이다. 앞 중심과 뒤 중심의 절충형. 이것저것 따지지 않는 스타일이나 초보자는 무게중심이 가운데 있는 배럴이 괜찮을 것 같다.

### 뒤 중심

다트 궤도는 완만한 포물선을 그린다. 다트에 힘을 싣기는 어렵지만 릴리스 포인트를 잡기 쉽다. 수준이 좀 있는 사람이 쓰기 좋다.

**CHECK! 그립 위치에 무게중심 맞추기**

배럴을 디자인할 때 무게중심을 미리 설정한다. 무게중심이 되는 곳에 가장 강력한 컷을 넣는다. 배럴을 쥐었을 때 딱 들어맞는 느낌이 들면 중심이 잡힌 배럴이다.

**CHECK! 나는 방향에 순응하거나 거스르기**

앞쪽에 무게중심이 잡힌 배럴은 앞으로 끌어당기는 것처럼 날기 때문에 빠르게 날아간다. 뒤 중심 배럴은 나는 방향과 반대라 완만하게 날리기 좋다. 어느 쪽도 아니라면 가운데에 무게중심이 있는 배럴을 시도해보자.

## 길이

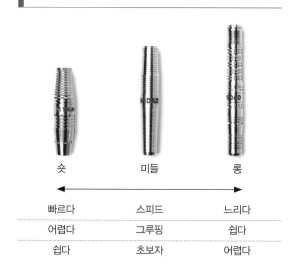

| 숏 | 미들 | 롱 |
|---|---|---|
| 빠르다 | 스피드 | 느리다 |
| 어렵다 | 그루핑 | 쉽다 |
| 쉽다 | 초보자 | 어렵다 |

CHECK! **그립에 맞는 길이를 선택한다**

두 손가락 그립을 하는 사람들이 긴 다트를 사용하면 불안하다. 반대로 네 손가락 그립을 하는 사람이 짧은 다트를 잡기 어려운 건 당연하다. 그립 하면서 사용하는 손가락 수가 적으면 짧은 배럴, 많으면 긴 배럴을 선택한다.

CHECK! **짧은 건 초보자와 여성에게 적합**

힘을 많이 주지 않아도 편하게 던져 기분 좋게 날릴 수 있는 숏 배럴은, 손이 작은 사람이나 2핑거 그립을 하는 사람에게 적합하다. 근력이 약한 여성에게 베리숏 배럴은 좋은 선택일 수 있다.

## '내가 만든 다트' 튜닝하기

다트는 각 파트를 바꿔 끼울 수 있다. 제조회사가 달라도 서로 호환할 수 있게 표준 크기로 제작하기 때문에 플레이어 취향에 맞춰 세팅할 수 있다. 처음 구매할 때는 4개가 한 몸인 것이 일반적이지만, 실력이 붙으면 여러 조합으로 '튜닝'하는 재미가 있다.

중요한 것은 쓰기 불편한 툴은 사용하지 않는 것이다. 배럴, 샤프트, 플라이트 같은 아이템은 많은 라인업이 있다. 선택 여지도 넓어 내게 맞는 제품을 넉넉하게 찾을 수 있다. 겉모양이 맘에 들어도 생각한 대로 날아가지 않으면 의미가 없는 것이 다트다. 나를 툴에 맞추지 말고 툴을 나에게 맞추어 길들여야 한다.

퍼펙트(PERFECT) 프로 플레이어인 고준 선수는 무게중심이 앞쪽에 있는 THE KING 배럴에 셰이프 타입의 시그니처 플라이트를 쓴다. 셰이프는 면적이 넓어 안정된 비행을 돕는다. 고준 선수는 다트를 강하게 날리는 편이라 슬림이나 티어드롭이 어울릴 것 같지만, 강하되 안정된 비행을 하는 셰이프 타입을 택한 것이다.

사람에 따라 맞는 조합은 따로 있다. 던지는 사람의 동작이나 성격이 다르고, 얼굴이 다르듯 몸집도 차이가 나고, 키도 다르며 손 크기도 제각각이다. 손가락 길이나 굵기도 다르다. 각양각색의 다트가 존재하는 이유다.

내가 사용하는 배럴에 친구가 쓰는 긴 샤프트와 슬림한 플라이트를 조합하면 원하는 대로 다트가 들어갈까. 던지지 못할 수도 있다. 그렇게 여러 가지를 시험해보는 것 자체도 다트가 재미있는 이유 중 하나다. 그걸 즐기면서 테스트해보고 자신의 플레이에 맞는 아이템을 찾아보자.

# 샤프트의 선택 기준

샤프트는 배럴과 플라이트를 연결하는 대롱이다. 무겁고 뭉툭한 배럴이 날개만 달고 날 수는 없다. 비행기 뒤쪽 홀쭉한 부분처럼 비행체의 밸런스를 조정한다. 플라이트와 세팅을 통해 비행 거리와 궤도를 변화시킨다.

플라스틱 샤프트는 값이 싸고 모양과 컬러가 풍부해 가장 대중적이다. 여러 개를 지니고 다니며 쉽게 갈아끼운다. 금속 샤프트는 티타늄, 두랄루민, 알루미늄 순으로 가격이 비싸다. 부러질 일은 거의 없어서 비용 대비 효율적일 수 있다. 금속 샤프트는 물성이 단단해 나사가 잘 풀리기 때문에 링을 끼워야 한다.

샤프트는 길이에 따라 다트의 비행 곡선에 영향을 준다. 편의상 숏, 미디엄, 롱으로 나누지만, 한 메이커의 같은 모양도 8가지 길이가 나온다. 약간의 길이 차이로도 비행 곡선이 달라지기 때문이다. 샤프트가 길면 포물선을 그리며 날고 짧으면 직선에 가까운 곡선을 만든다.

## 소재

가장 대중적인 소재.
가격이 싸다. 대신 파손이 잦다.
컬러와 디자인이 다양해 선택 폭이 넓다.

강도가 높아 잘 부러지지 않는다.
내구성이 좋아 가격 대비 효율이 높다.
플라이트와 밀접하게 결합된다.

## 길이

| 숏 | 미들 | 롱 |
|---|---|---|
| 빠르다 | 스피드 | 느리다 |
| 높다 | 직진성 | 낮다 |
| 낮다 | 안정성 | 높다 |
| 적다 | 플라이트 영향 | 많다 |

**CHECK!** 초보자는 롱이나 미들 사이즈를 추천한다. 면적이 큰 플라이트와 결합하면 안정된 비행을 기대할 수 있다. 샤프트 모양에 따라 노멀, 슬림, 하이브리드로 나누기도 한다. 다트가 튕겨 나는 것을 줄여주는 스핀형도 있다. 무게는 민감하지 않으니 배럴과 어울리는 걸 고르면 된다.

# 플라이트 모양과 면적

다트는 날아가기 위해 존재하는 것이라는 명제로 보면, 플라이트만큼 중요한 부품이 없다. 이것을 달지 않은 채 다트를 던지는 것은 말 그대로 '던지는' 것이지 날리는 것이 아니다. 절대 제어할 수 없다.

플라이트는 다트가 날고 있는 동안 자세를 제어해 진행 방향을 바르게 수정하고 지속적으로 안정화하는 구실을 한다. 날 때 정면에서 바람을 맞게 되는데 플라이트 형태와 표면적을 활용해 다트 속도와 각도를 정한다. 플레이어가 원하는 비행 궤도와 비거리에 대응할 수 있도록 플라이트는 다양한 형태로 진화하고 있다.

플라이트의 날개 모양과 면적은 비행 곡선에 영향을 준다. 플라이트 면적이 크면 비행 안정성은 있지만 날개끼리 부딪쳐 그루핑이 어렵다. 면적이 좁은 타입은 공기 저항이 적어 날아가는 힘이 좋다. 작은 만큼 그루핑에 도움이 된다.

## ▍타입

**종이**
가격이 싸다.
접어서 휴대하기 편하다.
디자인이 풍부하다.

**성형**
가장 대중적인 플라이트.
처음부터 90도로 고정되어 있다.
샤프트와 결합이 쉽고 내구성이
우수하다.

**일체형**
샤프트와 붙어 있다.
플라이트가 빠지는 스트레스
해방. 그루핑에 유리하다.

**스탠더드**
안정적인 포물선
궤도로 날아간다.

**셰이프**
스탠더드보다 조금
직선으로 난다.

**카이트**
셰이프와 티어드롭
중간 정도로 날아간다.

**티어드롭**
직선으로 날지만
슬림보다 부력이 있다.

**슬림**
안정성은 낮지만
직선으로 날아간다.

| 느리다 | 스피드 | 빠르다 |
|---|---|---|
| 높다 | 안정성 | 낮다 |
| 불리하다 | 그루핑 | 유리하다 |

**CHECK!** 플라이트 면적에 따라 다트가 날아가는 모양이 달라진다. 면적이 넓으면 포물선을 그리며 안정된 비행을 한다. 초보자는 다트에 힘을 전달하기 어렵기 때문에 날아가기 쉽고 안정성 있는 스탠더드 타입이나 셰이프 타입을 추천한다.

# 다트 구입 요령

하우스 다트만 던지다가 다트의 매력에 빠지는 순간 나만의 다트를 갖고 싶다. 손에 딱 잡히고 디자인도 맘에 드는 다트를 얻는 순간, 또 다른 재미가 시작된다.

온라인 몰 말고 다트 용품을 살 수 있는 곳은 주로 다트 바다. 다트프린스 같은 전문숍은 대형 판매코너가 있지만, 다트 바 한쪽에 장식장을 갖추고 용품을 판매하는 곳이 대부분이다.

온라인 숍이나 다트 바에 가면 혼란스러울 정도로 많은 제품이 있다.

디자인이 멋지다고 생각하는 것을 우선순위로 구매해도 나쁘지 않다. 컷이나 무게, 길이 따위는 생각을 많이 하며 던지는 수준이 된 다음 일이다. 옷을 살 때처럼 첫눈에 들어오는 것이 운명적 만남일 수있다.

일단 던져보는 것이 좋다. 다트 바에 가면 테스트할 수 있게 전시된 것이 있다. 쥐었을 때 감기는 맛이나 던졌을 때 느낌이 좋으면 나에게 맞는 것이다. 그것으로 정했으면 내 다트의 특징을 이해하고 내 것으로 만든다. 맘에 들지 않는데 억지로 쓰면서 타협하면 늘 찜찜하고 이길 수 있는 게임도 진다.

다트 용품은 소재와 형태, 길이, 면적, 두께, 새김에도 다 기능이 있다. 지식이 풍부하고 객관적으로 제품을 말해줄 수 있는 숍 스태프의 조언을 들으면 좋다. 그들은 직업상 많은 브랜드의 배럴과 용품 정보에 정통하다. 맘에 드는 나만의 다트를 갖는 행복을 느껴보자.

**다트 바**
머신이 있는 바에서 다트를 잘 아는 스태프를 통해 구입한다. 다트를 좋아하는 플레이어가 늘 모이는 장소다. 이곳에서 다른 플레이어의 다트를 보고 경험담도 들어보고 사용하기 쉬운 다트를 고르면 좋다.

**토너먼트 현장**
킨텍스 같은 곳에서 거의 매달 오프라인 토너먼트가 열린다. 유통업체가 판매 부스를 내고 플레이어에게 용품 정보를 제공한다. 현장에서 시시각각 벌어지는 이벤트를 통해 싼값에 좋은 아이템을 구할 수 있다.

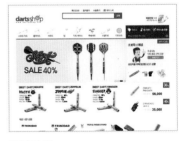

**온라인 몰**
진열된 매장은 없지만 가장 많은 다트 용품을 가지고 있는 곳이다. 국산은 물론 일본과 영국 제품 위주로 판매한다. 피닉스다트 다트숍, 다트코리아, 다트하이브, 다트메카 등이 종합 쇼핑몰이다.

부록

다트 대회와 일정
용어 정리

# 한국서 매년 소프트 다트 세계 대회
# 유럽은 PDC 등 스틸 다트 인기

스포츠가 발전하려면 실력을 겨룰 수 있는 경쟁의 장이 많아야 한다.
대회는 자신의 실력을 가늠하고 더 향상하기 위한 잣대를 제공한다. 한국에서 제대로 된
다트 토너먼트는 2007년에 시작해 이제는 매월 한 번 이상 큰 대회가 열릴 만큼 성장했다.

스포츠 종목 가운데 다트와 모습이 닮은 것을 찾아보면 창던지기가 있다. 역사를 거슬러 올라가면 기원전 776년부터 시작한 고대 올림피아 제전 종목에 레슬링과 원반던지기, 지금 100미터 달리기의 원형인 스타디온 뛰기, 그리고 창던지기가 있었다.

창던지기가 다트의 원형이라고 할 수는 없다. 손으로 직접 던진다는 점은 비슷하지만 크기가 다르다. 지금의 다트와 가장 닮은 무기도 올림픽 발상지에서 나왔다. 그리스 병사들이 쓰던 플럼바타(Plumbata)가 다트와 비슷하다. 금속 포인트에, 납 배럴, 나무 샤프트, 금속 플라이트로 만들었다. 휴대하기 좋아 방패 뒤에 수납함을 두고 적의 공격에 재빨리 대응했다고 한다.

다트는 생긴 것도 유래도 무기가 맞다. 창은 나중에 등장하는 활과 화살에게 존재 가치를 빼앗긴다. 하지만 현대 올림픽 경기에 아직도 창던지기 종목이 있다. 인류가 생활을 유지하기 위해 사냥이 필요했고, 땅을 빼앗기지 않으려고 싸움을 하는 데 창이라는 무기가 필요했다.

동물을 잡든 적군을 죽이든 창은 대결 도구였다. 그것이 그대로 축소되어 손가락으로 다룰 수 있을 만큼 작은 무기가 된다. 옥스포드 사전도 다트를 '작은 미사일'이라고 설명한다. 현대에 와서 다트는 서로를 겨누지 않고, 보드를 목표로 실력을 겨루는 도구로 변화했다. 전쟁 도구가 스포츠 용품이 된 셈이다.

### 1925년 전영 대회, 룰과 보드 표준화

다트는 클래식한 하드 다트와, 플라스틱으로 된 소프트 다트, 두 가지 종류(방식)가 있다. 스틸 다트는 주로 영국을 중심으로 한 유럽이 주도하고, 소프트 다트는 아시아와 미국에서 큰 대회가 자주 열린다. 소프트 다트는 다트 팬을 늘리는데 크게 이바지한 것처럼 둘은 경쟁이 아니라 서로 보완하면서 발전했다.

다트 토너먼트의 역사는 영국에서 시작한다. 제1차 세계대전 무렵 노동자와 농민을 중심으로 수많은 클럽이 생겼다. 1925년에 그들을 아우를 영국다트협회(NDA)가 설립돼 1천여 명이 모인 첫 전국대회를 열었다. 숫자 배열이 지금과 같은 '런던 보드'를 사용했고, 이 대회를 통해 스로 라인 규정 같은 초기 규칙이 정립된다.

현재 스틸 다트 최고의 대회 역시 영국에 기반을 둔 두 단체가 주관한다. PDC와 BDO. 다트를 직업적으로 던지는 세계의 플레이어들은 이 두 단체가 개최하는 대회에 나가기를 꿈꾼다.

이들이 주관하는 대회를 얘기하려면 우선 단체의 역사를 이해하는 것이 필요하다.

1973년에 설립한 BDO(British Darts Organi-sation)는 영국에 난립한 모든 다트 단체들을 통합하고, 출범하자마자 50개 이상의 리그와 토너먼트를 운영했다. 특히 주요 경기를 TV로 중계하면서 다트 대중화에 큰 전기를 마련했다. 다트 세계화를 목표로 이듬해 세계다트연맹(WDF)도 만든다.

그런데 10년 만에 내분이 일어났다. 경기 중에 술과 담배를 한다는 이유로 중계하던 TV방송국들이 떠나버렸다. 중계권을 잃어버리고도 BDO는 뜨뜻미지근하게 대처했다. 이에 불만을 가진 주요 임원과 유명 선수 16명이 뛰쳐나간다.

그들은 세계다트평의회(WDC)를 만들고 1974년 PDC(Professional Darts Corporation)로 이름을 바꾸었다. 에릭 비스트로, 밥 엔더슨, 존 로우, 필 테일러 같은 최고 플레이어들이 주도한 쿠데타는, PDC를 오늘날 세계 최고의 다트 프로 토너먼트 기구로 만드는 데 성공한다.

### 프로 정착시킨 PDC, 다트 스포츠화에 기여

BDO는 16명을 제명했고 아직까지도 대립 관계가 해소되지 않았다. BDO 대회에는 아마추어와 기업 후원을 받는 선수가 참가하지만, PDC 멤버는 넘어올 수 없게 막고 있다.

BDO는 영국 내 토너먼트에 치중하면서, 월드다트챔피언십과 윈마우월드마스터즈, 월드트로피 등을 열고 있다. 메이저 대회인 레이크사이드월드다트챔피언십은 총 상금이 5억 7천만 원이고 남자우승상금이 1억 4,400만 원이다.(2018년 기준)

영국 PDC World Darts Championship

영국 BDO World Darts Championship

BDO가 주도하는 WDF는 현재 80여 개 이상의 나라가 가입해 있다. WDF는 내셔널 대회와 대륙별 대회 등을 통해 남녀별 세계 랭킹을 집계해 수시로 업데이트 한다.

PDC는 BDO가 만든 다트 룰을 따르지만, 인기 선수를 더 많이 확보하고 있고 상금 수준도 높다. 128명으로 투어 카드를 한정하고 있는데, 성적 기준으로 라이선스를 2년마다 갱신해 플레이어 수준을 유지한다. 나라별, 대륙별 예선을 거쳐 가입하는데, 통과가 험난한 것으로 유명하다.

PDC는 설립과 함께 스카이스포츠TV와 계약을 맺고 시작했다. 현재 30개국 이상에 중계하면서 다트가 스포츠임을 알리는 데 크게 기여했다. 더마스터즈, 프리미어리그, 월드매치플레이, 월드그랑프리 등 많은 대회를 연다.

메이저 대회는 PDC월드다트챔피언십이다. 총 상금이 26억 원이고 우승 상금은 5억 7,500

프로 선수들만 참가하는 퍼펙트 토너먼트

만 원이다.(2018년 기준) 지금은 은퇴한 필 테일러(Phill Taylor)는 PDC 역사 25년 동안 19번이나 결승에 올라 우승컵을 14개나 들어올렸다. '다트 레전드'라고 불리는 이유다.

**피닉스와 라이브 경쟁하면서 대회도 많아져**

소프트 다트는 다트 종주국인 영국에서도 인기다. 웬만한 펍에는 스틸 다트와 함께 소프트 다트가 설치되어 있다. 스틸과 다른 재미와 편의

아마추어 동호인의 다트 축제 피닉스컵

일본 퍼펙트 토너먼트

일본 FLY 오픈대회

성이 어필한 것이다. 독일, 스위스, 프랑스, 스페인, 포르투갈, 네덜란드 등 많은 나라에서 인기를 끌고 있다. 소프트 다트 발명국이자 유명 브랜드 머신이 있는 미국 상황은 더할 나위 없다.

소프트 다트가 특히 융성한 곳은 아시아 권역이다. 스틸 다트가 유행하기 전에 소프트 다트가 선점했다. 똑같은 룰에 던지는 법도 별 차이가 없어 빠르게 대체됐다. 또한 중국과 대만의 중소 업체들도 있지만, 지금 세계적 브랜드가 된 한국의 피닉스다트와 일본의 다트라이브가 서로 경쟁하면서 소프트 다트 서비스 기술을 업그레이드했다. 아시아에서 소프트 다트가 인기 있는 이유는 두 회사의 영향이 크다.

대회도 활발하다. 한국과 일본, 중국, 대만, 홍콩, 말레이시아 등에서 다트 머신 업체는물론 배럴을 생산하는 영국과 일본 업체가 후원하는 대회가 자주 열린다.

국가의 대표급 선수들은 대회를 오가면서 경쟁하고 친분을 쌓는다. 보통 수준의 동호인들도 자신의 수준에 맞춰 참가비를 내고 기꺼이 비행기를 탄다. 프로 대회를 빼고는 대회 상금이 그리 크지 않은데도 교류와 친목을 내세우며 참가하는 열의를 보인다.

### 프로대회 퍼펙트 등 매월 1천명 이상 참가

한국에서 다트는 소프트 다트가 나오기 전까지는 벽에 거는 장식용이었다. 미군기지 주변 바에서 볼 수 있었지만 던져 보는 건 어려웠다. 1990년대 중반 대학가를 중심으로 다트방이 우후죽순 생겼는데 한두 해를 가지 못했다.

그러다 2005년쯤 일본에 수출만 하던 피닉스다트가 다트 머신을 공급하면서 다트동호인이 급격히 는다. 세계 최초로 온라인 대결이 가능한 다트를 공급하면서 원조인 미국산을 밀어냈다. 이 회사는 2007년에 피닉스오피셜토너먼트(POT)와 A클래스대회를 만들어 한국에서 토너먼트의 시작을 알렸다. 이때부터 다트 선수라는 직업까지 생겼다.

그 전까지는 내세울 만한 대회가 없었고, 있어도 보잘 게 없었다. 외국인이 많이 찾는 호텔이나 서울 이태원 같은 곳의 소규모 펍에서 스틸 다트 대회가 하우스 토너먼트 수준으로 열렸다. 대회라고 이름 붙이기도 뭐하고 상품으로 기념 배지나 주는 수준이었다. 한국인의 참여도 많지 않았다.

현재 한국에서는 대규모 다트 대회가 매달 한 차례 이상은 열린다.

우선 대한다트협회(KDA)가 퍼펙트와 피닉스 컵 2개 대회를 연다. '퍼펙트'는 연 8회 열린다. 퍼펙트는 일본에서 출범한 세계 최초의 프로 소프트 다트 대회로, 2017년부터 한국에서도 시작했다. 퍼펙트 회원은 한국 국적을 가진 사람이나 한국에 합법적으로 체류하는 외국인이면 누구나 지원할 수 있다. 나이 제한도 없다.

퍼펙트 프로가 되기 위해서는 테스트에 합격해야 한다. 서류심사를 거쳐 필기와 실기를 치른다. 필기는 소프트 다트의 역사와 규칙, 퍼펙트 대회의 룰과 매너 등을 묻는다. 100점 만점에 70점 이상이면 된다. 실기시험은 세퍼레이트-더블아웃 룰의 501 게임을 8스로(24다트) 안에 끝내야 한다. 이 과정을 통과하고 회비를 납부하면 대한다트협회로부터 인증서를 받는다.

다트라이브 슈퍼다트

아마추어 대회인 피닉스컵은 다트 수준에 맞춰 골드, 실버, 브론즈, 루키 4개 디비전으로 나눠 1년에 7차례 대회를 치른다. 매회 1천 명 가까운 동호인들이 참가할 만큼 규모가 크다. 최상위 등급인 골드 디비전 우승자는 테스트 없이 퍼펙트 프로선수로 승격된다.

피닉스컵과 퍼펙트는 다트 스포츠의 대중화를 목표로 수도권을 탈피, 점차 지방 개최를 늘리고 있다.

매년 여름 세계 20개국 이상이 참가하는 피닉스 섬머 페스티벌

대한다트협회는 또한 한국에서 세계 규모 다트 대회를 주관한다. 매년 7월 첫 주말에 열리는 '섬머 다트 페스티벌'은 2011년부터 시작했다. 세계 20개국에서 선수들이 한국을 찾는다. 국가대항전인 리그월드챔피언십, 코리안컵, 원리그 아시아파이널은 각국에서 예선을 거쳐 대표팀을 보낸다. 실력별로 나누어 누구나 참가할 수 있는데, 싱글즈, 더블즈, 트리오즈 경기를 한다.

## 머신과 용품 업체 주도 생활스포츠화 앞장

대한다트협회 대회를 후원하고 있는 피닉스다트도 따로 대회를 개최한다. 다트클럽최강전, 원리그, 피닉스오피셜리그, 더챔피언 대회가 있다. 이들 대회는 온라인을 활용해 원격 대회를 한다. 모니터를 통해 서로 얼굴을 보면서 대결하기 때문에 현장 대회와 크게 다르지 않다. 이게 소프트 다트의 매력이다. 예선을 통과하면 최종 결선은 대형 경기장에서 오프라인 경기를 치른다.

이 밖에 일본계 회사인 다트라이브도 규모는 작지만 아마와 프로대회를 개최한다. 아마 대회인 더플라이트챔피언십을 연 2회, 소프트다트프로페셔널코리아라는 프로 대회를 연 5회 개최한다. 프로 대회인 더코리아 라이선스를 받으려면 역시 실기와 필기 시험을 통과해야 한다. 숫아웃 4,500점 이상, 마스터아웃 룰로 701게임을 7라운드 이내 끝내야 하며, 크리켓 카운트업 MPR 4.2 이상이어야 한다.

한국의 프로 대회도 주관하는 협회나 회사에 선수로 등록하는 방식이라 양쪽 대회를 오갈 수

피닉스 섬머 페스티벌에 모인 다트 동호인들

없다. 회원 규모와 상금 액수, 대회 횟수, 선수 레벨 면에서 퍼펙트 토너먼트가 권위를 인정받고 있다. 한국에는 현재 250여 명의 프로 다트 선수가 활동하고 있다.

또 다른 단체인 대한다트연맹(KDF)은 스틸 다트를 중심으로 대회를 연다. WDF 주관대회인 월드컵과 대륙간컵 대표선수를 선발해 대회에 참가한다. 대표선수는 코리아다트챔피언십(KDC) 리그를 통해 선발한다. 서울 홍대와 평택, 부천, 군포, 부산, 창원 등지에서 주말 리그를 치른다.

WDF코리아오픈 대회는 매년 개최하며, 상위 입상자는 세계랭킹 포인트를 얻을 수 있다. 이 대회는 정회원으로 등록하지 않아도 참가할 수 있다. 또한 PDC 한국연락사무소인 PDK와 업무협약을 맺고 다트용품 업체가 스폰서가 되는 대회를 수시로 치른다.

| 대회명(주최) | 일정 | 개최 장소 | 후원 |
|---|---|---|---|
| **대한다트협회** | | | |
| PERFECT KOREA | 연 8회 | 경기도 고양시 킨텍스 and 지방 | Phoenix Darts |
| PHOENIX CUP | 연 7회 | 경기도 고양시 킨텍스 and 지방 | Phoenix Darts |
| SUMMER FESTIVAL | 7월 | 경기도 고양시 킨텍스 | Phoenix Darts |
| LEAGUE WORLD CHAMPIONSHIP | 7월 | 경기도 고양시 킨텍스 | Phoenix Darts |
| One League ASIA Inter-league | 7월 | 경기도 고양시 킨텍스 | Phoenix Darts |
| KOREAN CUP | 7월 | 경기도 고양시 킨텍스 | Phoenix Darts |
| **대한다트연맹** | | | |
| Korea Darts Championship League | 4월~7월 | 전국 순회 | KDF |
| PDC ASIAN TOUR | 연말 결정 | 서울 등촌동 KBS스포츠월드 체육관 | Dart Productors |
| WDF TARGET KOREA OPEN | 가을 | 경기도 고양시 킨텍스 | TARGET |
| **피닉스다트** | | | |
| Phoenix Club Championship | 4월 / 10월 | 경기도 고양시 킨텍스 | Phoenix Darts |
| Phoenix Official League (POL) | 10월~1월 | 온라인+서울 다트프린스 | Phoenix Darts |
| One League | 6월 | 온라인+서울 다트프린스 | Phoenix Darts |
| PERFECT JAPAN | 연중 | 일본 전역 주요도시 | Phoenix Darts |
| FLY | 2월 | 일본 요코하마 PACIFICO横浜 | HIC (PHOENIX JPN) |
| MJ SPRING / MJ FALL | 6월 / 11월 | 일본 요코하마 PACIFICO横浜 | HIC (PHOENIX JPN) |
| Summer FES | 8월 | 일본 요코하마 PACIFICO横浜 | HIC (PHOENIX JPN) |
| THE FINAL | 12월 | 일본 지바 Makuhari Messe | HIC (PHOENIX JPN) |
| ADA International Darts Tour | 4월 | 홍콩 KITEK (국제무역센터) | PD Sports |
| TIWAN DARTS OPEN | 9월 | 타이완 신페이시 반슈체육관 | PHOENIX TIWAN |
| PHOENIX CUP Malaysia | 12월 | 말레이시아 쿠알라룸푸르 Evolve Concept Mall | PD Sports |
| CAMPEONATO DE ESPAÑA GANDIA | 3월 | 스페인 발렌시아 Hotel GANDIA Palace | Dart Productors |
| APURAMENTO NACIONAL INDIVIDUAL | 6월 | 포르투갈 아베이로 Santa Maria da Feira | PHOENIX DART'S CLUBE |
| PHOENIX CUP USA | 10월 | 미국 라스베이거스 | Phoenix Dart Inc. |

## 다트라이브

| | | | |
|---|---|---|---|
| SOFT DARTS PROFESSIONAL TOUR | 연중 | 서울 독산동 VSL스튜디오 | Dartslive |
| FLIGHT CHAMPIONSHIP | 연 2회 | 경기도 고양시 킨텍스 | Dartslive |
| SOFT DARTS WORLD CHAMPIONSHIP | 12월 | 홍콩 KITEC (국제무역센터) | WSDA |
| SUPER DARTS | 3월 | 일본 도쿄 아카사카 마이나비블리츠 | Dartslive |
| 일본 다트 마츠리 | 8월 | 일본 도쿄 BIG SIGHT | Dartslive |

## BDO

| | | | |
|---|---|---|---|
| BDO World Darts Championship | 매년 1월 | 영국 세레이 Lakeside | Lakeside CountryClub |
| Winmau World Masters | 9월~10월 | 영국 요크셔 Bridlington Spa | WINMAU |
| BDO World Trophy | 5월 | 웨일즈 Barry Memo Arts Centre | WINMAU |

## PDC

| | | | |
|---|---|---|---|
| PDC World Darts Championship | 12월~1월 | 영국 런던 알렉산드라 팰리스 | William HILL |
| UK Open | 3월 | 영국 서머셋 Somerset Butlins Resort | Gala Coral Group |
| World Matchplay | 7월 | 영국 랭커셔 블랙풀 윈터가든 | BetVictor |
| World Grand Prix | 10월 | 아일랜드 더블린 시티웨스트호텔 | Unibet |
| Grand Slam of Darts | 11월 | 영국 울버햄튼 Aldersley Leisure Village | Singha Beer |
| Players Championship Finals | 11월 | 영국 서머셋 Minehead Butlin's Resort | Mr. Green |
| European Championship | 유동적 | 독일 도르트문트 Westfalenhallen | Bwin |

스페인 온라인 토너먼트

타이완 다트 오픈

퍼펙트 재팬 투어

피닉스컵 USA

이제 모르는 다트 용어는 없다.
영국 본토에서 쓰는 단어에 소프트 다트가 파생시킨 단어까지 모두 그러모았다.
다트 고수가 되려면 낯설거나 처음 듣는 단어부터 물리쳐야 한다.

- 대분류는 abc 순으로 하고, 그 안에서는 가나다 순으로 배열했다
- = 는 같은 뜻의 단어이고, → 는 상관용어로 함께 찾아보면 도움이 된다.
- 영어는 국립국어원의 외래어표기법을 따랐고, 표기법엔 어긋나도 굳어진 말은 그대로 사용한다.

## A

### 어게인 again
다트에서 공격 순서를 정하기 위해 코크(디들)를 하는데, 한 발로 결정이 나지 않아 다시 던지는 것을 말한다. → 코크 → 디들

### 어드레스 address
다트를 손에 쥐고 보드를 향해 던질 자세를 취하는 것. 이때 플레이어에게 방해가 되는 행동을 해선 안 된다. = 셋업

### 어레인지 arrange
제로원(01) 게임에서 마무리할 수 있는 숫자의 조합. 막판에 끝내기 쉬운 점수로 조정해 나가는 것을 뜻한다. 180점 이하면 몇 개 숫자를 제외하고는 한 라운드 안에 끝낼 수 있는데, 100, 70, 50처럼 쉬운 점수를 남기면 '나이스 어레인지'라고 응원해준다.

### 어레인지 차트 arrange chart
두 개 또는 세 개의 다트로 끝낼 수 있는 점수의 조합표. 영어권에서는 '피니시 가이드'라고 한다. 소프트 다트에서는 어레인지가 가능한 점수가 남았을 때 어레인지 힌트가 모니터에 표시된다. 프로 모드는 예외.

### 어워드 awards
한 라운드에 다트 세 개를 던져 100점이 넘거나 가운데 불을 세 번 맞히는 것처럼 어려운 미션을 성공할 때 주는 일종의 '상'이다. 모니터에 짧은 그래픽 효과 영상이 나타난다. 로 톤, 하이 톤, 해트 트릭, 화이트 호스, 쓰리 인 어 베드, 톤 80, 쓰리 인 더 블랙, 나인 마크, 8가지가 있다.

### 얼라이브 alive
크리켓 게임에서 오픈과 같은 의미로 사용한다. 아직 아무도 3마크를 하지 못해 살아 있는 크리켓 숫자. = 오픈 → 킬

### 에이밍 aiming
다트 보드의 목표지점을 향해 겨냥하는 것. 사격이나 양궁 같은 표적 스포츠에서 과녁에 조준하는 과정이다.

## B

### 바운즈 아웃 bounds out
보드에 닿은 다트가 꽂히지 않고 튕겨나가는 것. 스틸 다트에서는 점수를 인정하지 않지만, 소프트 다트는 센서가 인식하면 점수를 인정한다.

**배드 피트 bad feet**
발이 규정된 스로 라인을 넘는 반칙. 속어로 '싹수가 노랗다'는 뜻이 있다.

**배럴 barrel**
손에 쥐고 던지는 다트의 몸통. 던질 때 손가락으로 잡는 부분이다. 텅스텐, 니켈, 황동 같은 재료로 만들고 원통의 생김새, 길이, 무게, 새김 등에서 차이를 내 디자인한다.

**버스트 bust**
제로원 게임에서 남아 있는 점수를 초과한 숫자 영역에 들어갔을 때. 모니터에 BUST가 표시된다. 다음에 해당 라운드의 원래 점수로 되돌아가 던져야 한다. 만약 더블아웃 룰이라면, 남은 점수가 1이거나 싱글이나 트리플로 0점을 만들어도 버스트다. → 제로원 게임

**베이스볼 다트 baseball darts**
마치 야구공을 던지는 것처럼 다트를 던지는 행위. 정확성이 떨어지고 다트 머신을 망가뜨릴 수 있고 사람에게도 위험해서 금지하고 있다.

**보드 board**
다트가 날아가 꽂히는 과녁 판. 소프트 다트와 스틸 다트의 규격이 다르다. 소프트 다트의 지름은 39.4cm(15.5인치), 스틸 다트는 34.4cm(13.5인치), 보드 크기가 다르므로 스로 라인에서 보드까지 거리도 차이가 있다. 소프트 다트는 244cm(8피트), 스틸 다트는 237cm(7피트 9.25인치)다. 보드의 높이는 바닥에서 불 중심을 기준으로 재는데, 소프트나 스틸이나 173cm로 같다. = 다트 보드

**불 bull**
다트 보드의 한 가운데 둥근 부분. 안쪽의 작은 원과 바깥쪽 원 부분을 각각 이너불(인불), 아우터불(아웃불)이라고 나누어 부른다. 스틸 다트에서는 인불 50점, 아웃불 25점이고, 소프트 다트는 50점으로 계산하지만 게임 규칙에 따라 스틸 다트처럼 점수를 구분하기도 한다.

**불스 아웃 bulls out**
제로원 게임에서 가장 마지막에 불을 맞혀야만 경기가 끝나는 룰. 공식 게임에선 채택하지 않는다.

**불스 아이 bull's eye**
다트 보드 중심의 이중 원 부분이 황소의 눈처럼 보인다고 하여 붙여진 이름. 붉은색과 검은색 두 원을 일컫는다.

**브라스 brass**
놋쇠 또는 황동. 하우스다트의 배럴 소재로 주로 사용한다. 배럴의 주 소재인 텅스텐보다 밀도가 낮아 두껍고 가볍고 저렴하다. → 하우스다트

**브리슬 보드 bristle board**
스틸 다트용 보드. 천연 마(사이잘 삼)를 엮어 켜켜이 겹쳐 압축과 건조를 반복해 만든다. 수백 번 꽂혔다 빼도 자국이 남지 않아야 좋은 제품이다. 소프트 다트를 즐기는 사람은 꽂히는 소리가 작아서 집에서 연습용으로 많이 사용한다.

**비트 bit**
소프트 다트 팁이 미끄러져 들어가도록 보드에 미리 뚫어진 구멍. 구멍의 단위가 비트다.

## C

**센터 center**
누가 먼저 던질지 순서를 정하기 위한 방법. 다트를 하나씩 던져 보드 중심에서 가까운 쪽이 먼저 공격한다. 중심부터 거리가 아니라 같은 구역일 경우 다시 던지는 로컬 룰도 있다. = 디들 = 코크

**초이스 choice**
승패를 결정하는 최종 레그(leg) 게임을 정하는 방식. 3레그 승부에서 1승 1패가 되었을 때 셋째 게임을 무엇으로 할지 정한다. 선후공을 정할 때처럼, 다트를 한 개씩 던져 보드 중앙에 가까운 쪽이 게임 선택권을 가진다.

**초커 chalker**
스틸 다트에서 선수가 획득한 점수와 남은 점수를 기록하는 사람. 예전에 분필로 칠판에 기록한 데서 유래했다. 마커(marker)라고도 한다. 보드의 점수를 보고 불러주는 사람은 콜러(caller)라고 한다. 초커는 콜러를 겸할 수 있다. → 콜러 → 레프리

## 카운트 count
크리켓 게임에서 1스로(다트 세 개를 던지는 것)에 5마크 이상 하는 것. 가장 높은 것은 9카운트(9마크). → 마크

## 카운트업 count up
'점수 많이 올리기'를 목표로 하는 다트의 기본 게임 중 하나. 8라운드를 던져 득점한 점수를 모두 더한다. 500점 정도면 보통이고 800점이면 꽤 잘하는 것. 1000점 이상이면 프로 수준이다. 플레이어 수준을 비교하기 좋은 게임. = 스코어 업

## 캐치 catch
당초 노린 곳에서 빗나갔지만 더 좋은 상황이 되는 곳에 꽂혀 괜찮은 결과를 내면 '캐치'라고 한다. 초보자 때는 캐치를 해서 좋은 점수를 낼 때가 많다. 일본식 용어라 '럭키 샷'으로 순화하는 것을 권한다.

## 컨버전 포인트 conversion point
소프트 다트를 스틸 다트 보드에 꽂기 위해 끝부분에 붙이는 금속 포인트. 처음부터 소프트와 스틸 겸용으로 만들지 않은 제품이라면 무게 때문에 밸런스가 달라질 수 있어 많은 연습을 해야 한다. '컨버터블'이라고도 한다.

## 컷 스로트 cut throat
크리켓 응용 게임의 하나. 스탠더드 크리켓보다 공격적이다. 3명 이상의 플레이어가 대결할 때 적합한데, 크리켓 숫자를 맞혀 득점할 때 자신 이외의 상대 모두에게 득점이 더해져, 마지막에 가장 낮은 점수의 플레이어가 이긴다.

## 케이스 case
다트를 보관하는 케이스. 다트나 여분의 팁, 플라이트 등 액세서리를 넣는다. 다트를 편하고 안전하게 보관하는 용도이고, 플레이어 개성을 표출하는 수단이기도 하다.

## 코인 토스 coin toss
누가 먼저 던질지 결정하는 방법 중 하나. 동전의 뒷면과 앞면을 각자 골라 코인을 던져 나온 면으로 판단한다. 소프트 다트에서 온라인 대결을 할 때는 화면에서 자동으로 코인 토스가 이루어진다.

## 코크 cork
① 보드의 한가운데. 불스 아이와 같은 의미다. 다트의 기원이 됐던 술통의 마개, 코크(표기법은 '코르크'가 맞다)에서 유래했다. = 센터 → 불스아이
② 누가 먼저 공격할지를 결정하는 방법으로 쓰인다. 각 플레이어가 한 발씩 던져 코크(중심)에 가까이 맞힌 플레이어가 먼저 공격한다. 공격권을 정하는 행위가 아니고 보드의 중심 이름이 코크다. → 디들

## 콜러 caller
스틸 다트 대회에서 경기 중인 선수가 획득한 점수를 불러주는 사람. → 초커

## 크리켓 cricket
제로원 게임과 함께 가장 대중적인 다트 게임. 20, 19, 18, 17, 16, 15, 불, 7군데의 타깃 숫자를 공략하면서 득점을 겨룬다. 크리켓은 응용 게임들이 많아서, 이 7개 숫자로 겨루는 게임을 '스탠더드 크리켓'이라고 한다. → 제로원

## 크리켓 넘버 cricket number
스탠더드 크리켓에서 유효하게 쓰는 7개의 타깃 숫자. 20, 19, 18, 17, 16, 15 그리고 불을 크리켓 넘버라고 한다. 7개 이외 숫자는 무효.

## 클로즈 close
크리켓 게임에서 상대가 오픈해 점수를 올리고 있는 숫자를 똑같이 3마크 하여 그 영역을 무효로 만드는 것. 클로즈 후에는 누구의 점수로도 더해지지 않는다 = 데드 = 킬 → 얼라이브 → 오픈

## D

## 다타이티스 dartitis
심리적 원인으로 보드 앞에서 팔을 뻗지 못하고 주춤거리며, 아예 다트를 던지지 못하는 증상. 골프의 '입스'에 대응하여 다트계에서 만든 단어로, 2006년 옥스퍼드 사전에 등재되었다. '다트에서 긴장과 불안으로 집중력이 무너져 원래의 실력을 망치는 현상'으로 풀이되어 있다. = 입스

**다터 darter**

다트 하는 사람. 다티스트(dartist)라고도 한다.

**다트 dart**

다트 게임에 사용하는 작은 화살. 팁, 배럴, 샤프트, 플라이트 4파트가 각각의 역할을 가지고 연결되어 있다.

**다트 darts**

한 라운드에 던지는 세 개의 다트를 일컬어 다트라고 한다. 다트(dart)의 복수형처럼 보이지만 단수명사다. 다트 게임 자체를 총칭할 때 사용하는 용어이기도 하다.

**다트 보드 darts board**

가운데는 불이 자리하고 1부터 20까지 숫자가 뒤섞여 점수 구분을 할 수 있게 만든 다트 과녁 판. 보드는 싱글, 더블, 트리플, 불 등으로 구분되어 있고 구역에 따라 주어지는 점수가 다르다. 생김새가 시계를 닮았다 해서 영어권에서는 클락(Clock)이라고도 한다. = **보드**

**더블 double**

다트 보드 득점 면의 맨 바깥쪽 구역. 보드 중심(불)에서 가장 멀다. 그곳을 맞히면 해당 숫자의 2배 점수를 얻는다. 그 바깥은 아웃보드. = **더블 링 → 싱글 → 트리플**

**더블아웃 double out**

제로원 게임에서 마지막발을 더블 혹은 더블 불에 맞춰야만 게임이 끝나는 규칙. 퍼펙트처럼 수준 높은 플레이어들끼리 겨룰 때 채용한다. 1점이 남아도 버스트가 된다.

**더블 엘리미네이션 double elimination**

패자 부활전이 있는 대회 방식. 두 번을 지면 탈락하지만 한 번을 지더라도 나머지 경기에서 모두 이기면 최종 승자가 될 수도 있다. → **싱글 엘리미네이션**

**더블 인 double in**

제로원 게임에서 맨 첫 발을 더블 혹은 더블 불에 맞혀야 게임이 시작되는 룰. 더블을 맞힐 때까지 스탯츠 계산에 반영하지 않는다. 공식 경기에서는 잘 채용하지 않고, 수준급 플레이어들끼리 겨룰 때 적용한다. 로컬 룰에 따라 더블 불은 인정하지 않는 경우도 있다. → **오픈 인 → 더블아웃**

**더블즈 doubles**

2인 1조로 치르는 경기. 싱글즈를 단식, 더블즈는 복식이라고 한다. → **싱글즈 → 트리오즈 → 갤런**

**더블 톱 double top**

톱 오브 더 숍(top of the shop). 다트 보드에서 가장 위에 배치되어 있는 영역, 즉 20더블을 일컫는다. = **tops**

**데드 dead**

크리켓 게임에서 모든 플레이어가 특정 타깃 숫자를 클로즈 했을 때 데드라고 한다. = **클로즈 = 킬**

**드롭핑 dropping**

플레이어가 스로 라인에 선 상황에서 다트를 바닥에 떨어트리는 것. 대부분 다시 주워 던질 수 있지만, 로컬 룰에 따라 미스 샷으로 처리하기도 한다.

**디들 diddle**

게임이 시작되면 누가 먼저 다트를 던질지 결정하는 방법. 다트를 하나씩 던져 불 중앙에 가까운 쪽이 먼저 공격한다. = **코크 = 센터 = 미들**

# E

**에잇 카운트 eight count**

크리켓 게임에서 한 라운드에 8마크 하는 것.

**엘름 보드 elm board**

스틸 다트 보드의 원형인 느릅나무 보드. 현재의 다트 보드가 정착하기 전에 느릅나무 원목을 자르기만 한 원시적 보드를 사용했다. 나무의 연령과 건조의 결과물인 나이테 모양을 따라 득점을 겨뤘다고 한다.

**일렉트로닉 다트 electronic darts**

득점을 자동으로 계산해주는 전자식 다트. 컴퓨터 그래픽을 활용한 다양한 응용 게임이 내장되어 있고, 영상과 사운드가 접목되어 다이내믹하게 다트를 즐길 수 있다. 1980년대 중반 미국에서 개발되었는데, 점수 계산의 편리함과 안전성으로 다트를 대중화하는 데 크게 기여했다. 소프트 다트 또는 소프트 팁 다트, 디지털 다트라고도 한다.

## F

**파이브 카운트 five count**
크리켓 게임에서 한 라운드에 5마크 하는 것.

**팻 fat**
다트 보드의 각 세그먼트 중에 가장 넓은 구역. 더블 링과 트리플 링 사이의 싱글 구역을 말한다. → 세그먼트

**팻 불 fat bull**
안쪽 불과 바깥쪽 불을 나누지 않고 통으로 보는 게임 설정. 소프트 다트에서는 세퍼레이트 불 룰이 아닌 이상 크리켓 이외 대부분의 게임에서 팻 불 룰이 기본이다. 이때 점수는 아웃 불도 50점.

**퍼스트 first**
더블즈 경기를 할 때 먼저 던지는 파트너. 실력이 좋은 플레이어가 보통 퍼스트가 된다.

**펀 존 Fun Zone**
소프트 다트는 그래픽과 사운드를 활용해 다양한 응용 게임을 즐길 수 있는 장점이 있다. 피닉스다트 머신의 펀 존 메뉴에는 벌룬, 쿠니토리, 쓰리 인 라인, 골드헌팅, 점프 업, 하이퍼 점프 업, 복서, 렛츠 고, 카니발, 오버 같은 게임이 실려 있다. 머신 종류에 따라 내장된 게임이 다를 수 있다.

**폴로 스루 follow through**
다트를 던질 때 릴리스(손에서 놓은) 후 팔과 손목, 손가락의 움직임. 다트 보드의 겨냥했던 곳을 향해 팔을 뻗는 것이 방향성에 도움을 준다고 알려져 있다.

**플라이트 flight**
다트를 구성하는 4개 파트 중 하나로, 다트의 비행을 돕도록 가장 뒷부분에 달려 있는 날개.

**플라이트 어택 flight attack**
이미 보드에 꽂혀 있는 다트의 플라이트에 나중에 던진 다트가 맞는 것. 또는 플라이트가 보드에 닿아 득점으로 처리되는 상황을 일컫는다.

**피니시 finish**
① 제로원 게임에서 남아 있는 점수를 딱 '0'으로 만드는 것. 게임 끝. ② 게임을 마무리할 수 있는 최후의 한 발.

**피더 플라이트 feather flight**
현재처럼 플라스틱 종류가 아니라, 칠면조 깃털로 만든 전통적 플라이트.

## G

**갤런 gallon**
싱글즈, 더블즈, 트리오즈가 아닌 4명이 한 조가 되어 치르는 4인조 경기를 말한다. 제로원 게임을 할 때 901, 1101, 1501 중에서 선택한다. 갤런은 '많은 양'을 의미하는데, 다트에서 가장 많은 인원이 참가하는 경기에 차용한 것으로 추정된다.

**게임 game**
다트 경기를 하는 것. 상대와 대결할 때 몇 개의 레그로 구성된다. 소프트 다트에서는 제로원 게임-스탠더드 크리켓-제로원 게임 또는 초이스, 3레그를 치러 2레그를 먼저 따면 이기는 방식이 대부분이다.

**게임 샷 game shot**
게임의 승리를 결정하는 마지막 한 발. 배구나 테니스의 '매치 포인트' 같은 의미. 엄청난 집중력이 요구된다.

**게임 온 game on**
토너먼트 참가자들이 대회 시작을 알리는 신호로 다 함께 외치는 구호. 게임 시작의 표시이다.

**골드 Gold**
온라인 상태의 피닉스다트 머신에서 게임을 하고 나면 쌓이는 일종의 게임 포인트. 이를 모아 각종 아이템을 살 수 있다. → 아이템

**골드 배틀 Gold Battle**
피닉스다트에서 골드를 걸고 게임하는 것. 제로원, 카운트 업, 스탠더드 크리켓 게임의 1대1 싱글 매치에서만 가능하다. 게임에서 이기면 걸었던 만큼의 골드를 상대에게서 빼

앗아올 수 있다.

### 골든 다트 golden darts
1스로에 20트리플에 세 개를 넣고 180점을 획득하는 것.
다트에서 다트 세 개로 얻을 수 있는 가장 높은 점수이다.
→ TON80

### 그루핑 grouping
1스로에 던진 세 개의 다트가 흩어지지 않고 일정한 곳에
뭉쳐서 꽂히는 것. 원래 겨냥했던 부분에 모이는 형태가 가
장 좋지만, 겨냥한 곳이 아니더라도 뭉쳐 있다면 릴리스 포
인트나 자세가 일관성 있음을 의미한다.

### 그립 grip
다트를 손에 쥐는 방법. 엄지와 검지로 쥐는 2핑거, 가운데
손가락도 쓰는 3핑거, 약손가락까지 개입하는 4핑거 방법
등이 있다. 자신에게 가장 편한 그립이 좋은 그립이다.

## H

### 하드 다트 hard dart
정통 다트. 보드에 박히는 끝 부분이 금속으로 만들어진 전
통 다트. 보드도 하드 보드를 사용해야 한다. '다트'의 원조
인데, 소프트 다트가 인기를 끌면서 다트 앞에 하드나 스틸
같은 접두어가 붙었다. = 스틸 다트 = 스틸 팁 다트 → 소프
트 다트

### 하우스 다트 house darts
다트 바 등에 누구나 쓸 수 있도록 비치되어 있는 공용 다
트. 배럴은 보통 황동(브라스)으로 제작하며 플라이트도 두
꺼운 플라스틱 소재가 대부분이다. → 퍼스널 다트

### 하우스 토너먼트 house tournament
작은 숍이나 다트 바에서 자체적으로 개최하는 소규모 토
너먼트. 여기서 실전을 경험하고, 대형 토너먼트에 나가면
좋다.

### 하이 오프 high off
① 제로원 게임에서 100점 이상이 남아 있는 상황에서 다
트 세 개 이내로 아웃하는 것 ② 경기 상황 중 가장 높은 점

수로 마무리한 기록.

### 하이 톤 high ton
제로원이나 카운트업 게임에서 1스로 다트 세 개로 151점
이상 180점 이하의 점수를 얻는 것. → 로 톤

### 해트 트릭 hat trick
1스로에 다트 세 개를 모두 불에 넣는 것. 야구 비슷한 종목
인 크리켓 경기에서 투수가 3명의 타자를 연속 아웃시키면
모자를 선물했다는 데서 유래했다. 블랙 햇(Black Hat)이
라고도 한다.

### 홈 숍 home shop
다트를 즐기기 위해 자신이 주로 찾는 장소. 온라인 카드를
발급해 등록한 곳을 의미하기도 한다. 동호회 활동과 대회
참가 등이 홈 숍을 중심으로 이루어진다.

### 히든 크리켓 hidden clicket
크리켓 응용 게임의 한 종류. 타깃 숫자가 숨어 있어 그 숫
자를 찾으면서 게임을 한다. 마치 보물찾기 같다.

## I

### 이너 불 inner bull
다트 보드의 한가운데. 중심에는 작은 이중 원이 두 개 있
는데, 안쪽 붉은색 부분. 점수는 50점이고, 크리켓 게임에
서는 2마크가 된다. = 더블 불 = 인 불

### 아이 로봇 I-Robot
피닉스다트 머신에서 만날 수 있는 가상의 로봇 대결. 나와
맞는 레벨의 아이 로봇을 지정해 대결할 수 있다.

### 아이템 Item
피닉스다트 플레이어들은 자신만의 개성 있는 게임 화면을
구성할 수 있다. 다양한 배경 화면, 마크 어워드, 프레임, 사
운드, 어워드 등을 통틀어 아이템이라고 한다. 홈페이지 아
이템 숍에서 골드로 구매할 수 있다. → 골드

## K

### 킬 kill
크리켓 게임에서 한 플레이어가 타깃 숫자를 3마크 하여 득점권이 된 뒤, 상대방이 뒤쫓아 3마크하면 그 영역은 누구도 더 이상 득점할 수 없다. 이를 킬이라 한다. → 클로즈 → 데드

### 킵 keep
크리켓 게임에서 한 라운드에 같은 유효 숫자에 싱글 세 개가 들어갔을 때 킵이라고 한다.

## L

### 레그 leg
하나의 경기를 구성하는 게임 단위. 3레그에서 두 게임을 먼저 따내는 방식으로 승부를 가리는 경우가 많다. → 세트

### 로 톤 low ton
제로원이나 카운트업 게임에서, 한 라운드에 101점 이상 150점 이하의 점수를 얻는 것 → 하이 톤

### 리그 league
① 다트 대회의 방식. 한 조로 묶인 모든 팀 또는 개인과 순서대로 모두 한 번씩 겨룬다. 5팀이 출전했다면 팀당 4번씩 경기한다. 전체 승패 기록으로 가장 많이 이긴 팀이 우승하거나 상위 토너먼트로 진출한다. 주로 예선을 치를 때 많이 적용한다. 평등하게 맞붙을 수 있는 대신 순위 결정에 시간이 많이 걸린다. → 라운드로빈
② 대회 자체를 의미하기도 한다. 피닉스 오피셜 리그(POL)나 원 리그(One League)는 지역별로 조를 나눠 홈 앤드 어웨이 방식으로 오프라인이나 온라인을 통해 진행한다. 최종 승자전은 다시 토너먼트로 겨루는 경우가 많다. → 토너먼트

## M

### MPR Mark Per Round
크리켓 게임의 스탯츠. 한 라운드 평균 마크 수를 의미한다. → PPD → 스탯츠 → 마크

### 마스터 아웃 master out
제로원 게임의 옵션 중 하나. 가장 마지막에 마무리(아웃)할 때 더블, 트리플, 혹은 불에 들어가지 않으면 게임을 끝낼 수 없다. 2점이 남았다면 1더블, 3점이라면 1트리플로 마무리해야 한다. 더블아웃 룰보다는 여유롭다.

### 마이 다트 my darts
공용 다트가 아니라 각자의 스로잉 습관에 맞춰 구입한 개인용 다트. 입문 기간을 넘어 본격적으로 자신만의 플레이를 펼치려면 개인용 다트를 구매하는 것이 좋다. 마이 다트는 일본식 용어. 퍼스널 다트 또는 개인용 다트라고 부르기를 권한다. → 퍼스널 다트 → 하우스 다트

### 마크 mark
크리켓 게임에서 아직 클로즈 되지 않은 유효한 숫자를 맞히는 것. 싱글은 한 개, 더블은 두 개, 트리플은 세 개의 마크가 표시된다. 자신의 득점 영역이 되려면 3마크가 필요하다.

### 머그즈 어웨이 mugs away
게임에서 진 사람이 다음 게임을 먼저 시작하는 것. 승자가 "Mugs away!"라고 외치면 패자 선공으로 시작한다. "이제 게임을 시작하자"는 의미로도 쓰인다. = 루저 퍼스트

### 메들리 medley
두 개 이상의 게임을 연달아 치르는 경기. 정해진 레그를 먼저 따내면 메들리의 승자가 된다. 가장 대중적인 메들리는 '501 게임-크리켓-501 게임'이다.

## N

### 나인 다트 nine darts
제로원 501 게임에서 3라운드 만에 게임을 끝내는 것. 다

트 9개로 간단히 게임을 끝내는 최고의 경지다.

**나인 카운트 nine count**
크리켓에서 한 라운드에 9마크 하는 것.

**노비스 novice**
초보자. 어떤 일을 막 시작했거나 서툰 사람을 일컫는 말로, 다트에 막 입문한 사람을 뜻한다. 플레이어의 클래스를 나눌 때 C 클래스 밑에 'No'가 있는데, 바로 노비스를 의미한다.

**니어 더 풋 near the foot**
3더블. 다트 보드의 가장 낮은 부분, 발끝에서 가장 가까운 곳에 있는 세그먼트라 그렇게 부른다.

**니켈 nickel**
배럴을 만들 때 텅스텐 강도를 높이기 위해 가장 많이 혼합하여 사용하는 금속. 텅스텐보다 밀도가 낮고 황동보다는 밀도가 높다.

## O

**아우터 불 outer bull**
다트 보드 중심에 작은 2중 원이 있는데, 중앙 검은 원을 감싼 바깥쪽 붉은 원을 가리킨다. 25점이 기본이지만, 소프트 다트에서는 50점으로 계산한다. = 아웃 불 = 싱글 불 → 이너 불 → 인 불

**아웃 out**
경기를 끝내는 것. 게임에서 이긴 플레이어에게는 '나이스 아웃'이라고 말해준다.

**아웃보드 out board**
득점으로 인정하지 않는 다트 보드의 바깥쪽. 더블 링 바깥이다. 이곳에 다트가 꽂혀도 점수는 없다. 처음 다트를 시작할 때 아웃보드를 많이 한다.

**오 링 O ring**
다트 액세서리. 배럴과 샤프트의 연결부가 잘 풀리지 않도록 그 사이에 끼우는 링. → 샤프트 링

**오버 킬 over kill**
크리켓 게임 도중 극단적인 점수 차이가 나지 않도록 200점 이상 차이가 나면 그 이상 더 못하게 하는 규칙. 200점 이상 차이가 벌어지면 앞선 사람이 득점해도 점수를 더해주지 않는다.

**오키 oakie 또는 oche**
스로 라인. 주로 스틸 다트에서 쓰는 용어. 다트 보급 초기에 스로 라인의 기준이 된 나무 봉을 그렇게 불렀다. 다트 보드 표면 아래의 바닥부터 2.37cm 떨어진 곳에 높이 38mm, 폭 61mm 돌출된 오키를 설치해야 한다. 영국 서부의 'Hockey and Sons'라는 양조장에서 던지는 거리 9피트를 맥주 상자로 측정한 데서 유래했다는 설. 또 하나는 1920년대 영국 신문에서 스로 라인을 하키(hockey)로 표기했다. 침을 뱉는다는 뜻의 'hocken'에서 유래해, 당시 침 뱉기 대회가 있었는데 선수가 벽에 등을 대고 침을 뱉을 수 있는 거리를 하키 라인이라고 했다고 한다. 그때부터 스로 라인을 hockey라고 했고, oakie 또는 oche로 변형되었다. → 스로 라인

**오픈 open**
크리켓 게임에서 3마크를 취해 자신의 영역으로 만드는 것. 상대가 3마크 해서 클로즈 할 때까지 점수를 올릴 수 있다. → 클로즈

**오픈 아웃 open out**
제로원 게임에서 싱글이나 더블 제한 없이 남은 점수를 해결하면 게임이 끝나는 룰. 프로 대회가 아니면 대부분 이 룰을 적용한다. = 이지 아웃 → 더블아웃 → 오픈 인

**오픈 인 open in**
제로원 게임에서 싱글이나 더블 제한 없이 어떤 점수를 맞히더라도 게임이 시작되는 룰. 보통의 토너먼트에서 대부분 이 룰을 적용한다. 스트레이트 스타트(Straight Start) 또는 이지 인(easy in) 룰이라고도 한다. → 오픈 아웃 → 더블 인

**온라인 카드 online card**
소프트 다트로 게임할 때 카드를 사용하면, 자신의 개인 정보와 게임 기록을 저장하여 실력 추이를 확인할 수 있다. 피닉스다트에서 원격지 상대방과 대결하는 버서스 무비나 더 챔피언 같은 온라인 대회에 참가할 때 꼭 필요하다. 피

닉스다트 온라인 카드는 '피닉스클럽 카드'라고 부른다. 피닉스다트 앱을 사용하면 온라인 카드가 따로 없어도 실물 카드와 같은 기능을 누릴 수 있다.

# P

### PPD Point Per Dart
제로원 게임과 카운트업 게임에서 다트 한 개당 올리는 점수를 평균으로 산출한 수치. → MPR

### 파이 pie
다트 보드의 모든 점수 영역. 각각의 세그먼트가 파이 조각처럼 생긴 데서 나온 말이다. 불과 트리플 링 사이 작은 싱글 영역을 '스몰 파이'(small Pie)라고 한다.

### 퍼펙트 PERFECT
2007년 일본에서 시작한 세계 최초의 프로 소프트 다트 토너먼트. 한국에서는 2017년부터 대한다트협회(KDA)가 피닉스다트의 후원으로 경기를 주관하고 있다.

### 패리티 플레이 parity play
누군가 먼저 게임을 끝냈더라도 라운드가 끝날 때까지 다른 플레이어도 계속 던질 수 있는 룰. 같은 라운드 안에 2명 이상의 플레이어가 게임을 끝냈을 때, 던진 다트 수가 적은 플레이어가 이긴다.

### 퍼스널 다트 personal darts
자신의 스로잉 패턴과 디자인 선호에 맞춰 세팅한 개인용 다트. 마이 다트는 일본식 용어로 퍼스널 다트 또는 개인용 다트로 순화하여 쓰길 권한다. = 개인용 다트 = 마이 다트 → 하우스 다트

### 포인트 point
① 하드(스틸) 다트 보드에 박히는 다트의 끝 부분. 소프트 다트에서 팁이라고 불리는 부분으로, 금속을 쓰는 스틸 다트에서는 포인트라고 부른다. → 팁
② 다트 게임에서 점수를 말한다.

# R

### 라운드 round
게임 구성 단위. 싱글즈든 더블즈든 플레이어 각각 1스로(다트 세 개)를 모두 넌지면 1라운드다. 게임 종류에 따라 라운드 수가 정해져 있다.

### 라운드 더 클락 round the clock
다트 응용 게임의 한 종류. 다트의 모든 숫자 영역을 맞추는 게임. 다트 하나를 어느 숫자 영역에 넣으면 다음 영역을 공략해 모두 채운 플레이어가 이긴다. 싱글, 더블, 트리플 구분은 없다. 초보자가 보드의 점수 영역을 익히기 좋은 게임. 프로 선수는 더블 영역으로만 이 게임을 즐기기도 한다.

### 라운드 로빈 round robin
대회에서 다른 모든 참가자와 순서대로 한 번씩 만나는 리그 방식. 예선을 치를 때 많이 채용하는데, 전체 승패 기록으로 순위를 결정한다. → 리그

### 라운드 리밋 round limit
게임마다 설정된 최대 라운드 수. 라운드 리밋이 되면 그때까지 점수가 높거나 낮음으로 승패를 결정한다.

### 라운드 스코어 round score
각 라운드에서 얻은 점수의 합계.

### 랜덤 크리켓 random cricket
크리켓 응용 게임의 하나. 맞혀야 하는 타깃 숫자가 들쑥날쑥 랜덤하게 선택된다.

### 레이팅 rating
게임 성적을 나타내는 수치를 스탯츠라고 하고, 그것을 집계하여 결과를 등급으로 매긴 것을 레이팅이라고 한다. 피닉스다트는 레이팅을 No부터 그랜드 마스터까지 30단계로 나누고 있다. → 스탯츠 → 레이팅 → 노비스

### 레프리 referee
스틸 다트 경기 운영위원. 다트 보드 주위에서 게임을 책임지고 관찰한다. 경기에 개입은 하지 않고 선수들이 판정을 요청할 경우 최종 판단을 내린다. 레프리는 마커와 콜러를 겸할 수 있다.

**릴리스** release
다트를 던질 때 다트가 손에서 떨어지는 순간. 릴리스가 안정되어야 원하는 위치에 다트를 넣을 수 있다. 손을 놓는 지점을 '릴리스 포인트'라고 한다.

## S

**상하이** shanghai
크리켓에서 파생된 게임으로, 순서에 관계없이 한 라운드 안에 같은 숫자의 트리플, 더블, 싱글을 넣는 것. 그것으로 그 게임을 이긴다. 이를 변형한 것이 점프업 게임이다.

**샌드배깅** sandbagging
토너먼트에 출전하면서 자신의 레이팅을 낮게 속이는 부정행위. 원래 자신의 우월한 능력을 숨기고 이득을 챙기는 행위를 뜻한다. 19세기 뉴욕 갱들이 해로울 것 같지 않은 모래주머니를 숨긴 뒤 강력한 살상무기로 사용한 데서 유래했다고 한다. 레이팅 부정이 적발되면 대회에서 실격하거나 참가 자격을 박탈할 수 있다. 샌드백(sandbag)이라고도 하고, 그런 부정을 저지르는 사람을 샌드배거(sandbagger)라고 한다.

**샤프트** shaft
다트의 한 파트로 배럴과 플라이트를 연결하는 부분. 길이와 재질에 따라 비행 밸런스가 달라진다. 텅스텐, 카본, 알루미늄, 플라스틱, 나이론 등으로 만들며 플라이트를 고정하는 방법도 가지각색이다.

**샤프트 링** shaft ring
플라이트가 샤프트에서 쉽게 이탈하는 것을 방지하기 위해 샤프트에 끼우는 링. → 오 링

**서라운드 보드** surround board
스틸 다트 보드에 던질 때, 아웃보드가 되면 보드 주위의 벽이 손상될 수 있다. 이를 방지하기 위한 보드로, 코르크나 우레탄 같은 부드러운 소재를 보드 바깥에 두른 스틸 다트용 보드.

**세그먼트** segment
다트 보드의 스파이더에 의해 분할되어 있는 면. 트리플,

더블, 싱글, 불 등 득점이 주어지는 각 구역을 의미한다. 모두 82개가 있다. 소프트 다트의 세그먼트는 무수히 많은 구멍으로 채워져 있다. → 비트 → 스파이더

**세컨드** second
더블즈 경기를 할 때 두 번째로 던지는 플레이어를 말한다. → 퍼스트

**세퍼레이츠** separates
불을 놓고, 아우터 불을 25점으로 할지 50점으로 할지 합의 하에 설정할 수 있는 옵션 룰. 소프트 다트는 어느 쪽이든 50점으로 인정하는 것이 보통인데, 스틸 다트는 '세퍼레이츠 불' 룰이 기본이다. = 불 디바이드(bull divide)

**소프트 팁** soft tip
소프트 다트에서 보드에 꽂히는 다트의 끝 부분. 플라스틱으로 만들어져 스틸 다트 포인트에 비해 다소 뭉툭한 것이 특징이다. = 팁 → 포인트

**소프트 팁 다트** soft tip darts
소프트 다트. 끝 부분이 부드러운 플라스틱으로 만들어져 날카롭지 않다. 다트 보드를 보호하기 위해 다트는 스틸용보다 약간 가볍게 제작한다. 16~20g 안팎. 프로 대회인 퍼펙트 토너먼트 규정은 개별 다트 4개 파트를 합친 길이는 30cm 이내여야 하고 3세트를 합한 무게는 70g 이하여야 한다. = 소프트 다트

**스탯츠** stats
개인의 다트 성적(실력)을 나타내는 수치. 한 라운드당 평균으로 산출하는데 몇 점을 올렸는가 또는 크리켓에서 몇 개를 마크하는가에 따라 PPD와 MPR로 표시한다. 소프트 다트에서는 게임이 끝났을 때 화면에 보여준다. → PPD → MPR → 레이팅

**스탠스** stance
다트를 던질 때 보드를 향하여 발을 바닥에 딛는 방법. 내민 발의 각도에 따라 클로즈 타입(사이드), 오픈 타입(프론트), 미들 타입(스탠더드)이 있다.

**스탠더드 크리켓** standard cricket
공식적이고 가장 대중적인 크리켓 게임. 지정 숫자인 20, 19, 18, 17, 16, 15와 불까지 7개 타깃을 땅뺏기 하듯이 쟁

탈한다. 7개 영역에 대결 상대보다 먼저 다트 세 개를 넣어 내 영역을 만들고 점수를 올리는 방식이다. → 크리켓 게임

**스틸 다트 steel darts**
영국에서 시작된 전통적 스타일의 정통 다트. 다트의 원형이다. 끝 부분이 금속으로 된 날카롭고 단단한 포인트로 나무 재질 보드에 다트를 던진다. 개별 다트의 4개 파트 전체 길이는 30.5cm 이하, 다트 1개 무게는 50g을 넘지 않아야 한다. 영국을 중심으로 한 유럽의 프로 다트 대회는 스틸 다트를 기본으로 한다. = 하드 다트 → 전자 다트 → 소프트 다트

**스틸 모드 steel mode**
소프트 다트에서 제로원 게임의 옵션 설정 중 하나. 스틸 다트의 룰처럼, 두 개의 불을 25점과 50점으로 나눠서 계산하고 더블아웃 옵션이 붙는다. = 하드 모드 = 프로 모드

**스코어 업 score up**
카운트업 게임의 다른 이름. 8라운드를 던져 득점을 쌓아 점수가 높은 쪽이 이기는 기본 게임. = 카운트업

**스파이더 spider**
다트 보드 각각의 득점 면을 나누어주는 라인. 마치 거미줄 같은 형상을 하고 있어 유래된 이름. 스파이더 웹(web), 레일(rail), 와이어(wire)라고도 부른다.

**스핀 샤프트 spin shaft**
샤프트는 배럴과 플라이트를 연결하는 부품. 나중에 던진 다트에 맞으면서 샤프트가 회전하는 현상. 또는 처음부터 돌아가게 제작한 샤프트를 말한다.

**슬릭스틱 slikstik**
샤프트 종류 중 하나로, 플라이트를 끼우는 부분이 세로로 길게 틈이 뚫려 있다. 이 틈에 플라이트를 끼워서 사용하는데, 슬림 플라이트는 쓸 수 없고, 종이 플라이트를 주로 쓴다.

**슬림 플라이트 slim flight**
그루핑(세 개의 다트를 한곳에 모으는 것)이 쉽도록 보통의 면적보다 날씬하고 길게 만든 형태의 플라이트.

**스타일 Style**
피닉스다트 머신에서 게임을 할 때, 화면에 보이는 배경 화면을 말한다. 개인이 모아둔 골드를 사용해 자신만의 스타일을 구매하여 화면에 적용할 수 있다. = 아이템

**스완 온 더 레이크 swan on the lake**
제로원 게임에서 22점이 남았을 때. 22의 형상이 두 마리 백조처럼 생겼다고 해서 유래된 단어.

**식스 카운트 six count**
크리켓에서 한 라운드에 6마크 하는 것.

**싱글 single**
보드에 표시되어 있는 숫자 그대로 득점이 인정되는 구역. 바깥에서부터 두 번째와 네 번째 구역으로 면적이 가장 넓다. 불(bull)은 바깥쪽이 싱글 불이다. → 더블 → 트리플

**싱글 불 single bull**
다트 보드 중심의 이중 원 바깥쪽. 스틸 다트에서 득점은 25점이지만 소프트 다트에서는 게임에 따라 50점 또는 25점. → 아우터 불 → 아웃 불

**싱글 엘리미네이션 single elimination**
대회를 치르는 방식으로, 패자 부활전이 없이 경기에서 지면 바로 탈락한다. 한 번으로 끝이라는 뜻. 토너먼트는 대부분 싱글 엘리미네이션으로 진행한다.

**싱글즈 singles**
테니스나 배드민턴, 탁구와 마찬가지로 단식, 즉 개인전을 말한다. 두 사람이 짝을 이루면 더블즈. 셋은 트리플즈 또는 트리오즈, 네 명이 한 편이면 갤런이라고 한다. → 더블즈 → 트리오즈 → 갤런

## T

**스로 throw**
한 라운드 세 개의 다트를 던지면 1스로가 된다. 1스로를 던지고 상대와 공격권을 교대하면 1라운드.

**스로 라인 throw line**

다트를 던지는 사람이 보드에 떨어져 서야 하는 기준선. 소프트 다트와 스틸 다트는 던지는 거리가 약간 다르다. 다트 보드 중심부터 바닥까지 대각선으로 했을 때 소프트 다트는 298cm, 스틸 다트는 293.4cm이다. 발 끝이 스로 라인을 넘어 던지면 안 된다. = 오키 = 토 라인(toe line)

**스로잉 throwing**

다트 보드를 향해 다트를 던지는 것을 말한다. 에이밍부터 테이크백, 릴리스를 거쳐 폴로스루로 끝나는 동작이다.

**쓰리 인 어 베드 three in a bad**

크리켓이나 제로원 게임에서 한 라운드에 다트 세 개를 같은 숫자의 트리플이나 더블에 세 개 모두 맞히는 것. 좁은 침대에 세 사람이 누워 있는 것에 빗댄 표현이다. 간단하게 '베드'라고도 한다.

**쓰리 인 더 블랙 three in the black**

한 라운드에 다트 세 개를 모두 인 불에 꽂는 것. 인 불이 검은색으로 되어 있기 때문에 붙여진 이름. 이를 성공하면 피닉스다트 머신 화면에 PHOENIX EYE가 표시된다.

**타깃 보드 target board**

다트 보드를 일컬음. = 보드 = 다트 보드

**타깃 넘버 target number**

① 게임 중에 꼭 노려야 하는 대상이 되는 숫자.
② 크리켓 게임에서 플레이어가 공략해야 하는 7개의 유효 득점 구역 중 한 곳. 20, 19, 18, 17, 16, 15, 불 중 하나. = 크리켓 넘버

**턴 turn**

다트를 던지는 차례. 세 개의 다트를 던진 뒤 차례를 바꾸어 다른 플레이어가 세 개를 던지고, 다시 차례가 된다.

**텅스텐 tungsten**

배럴의 주 소재로 쓰이는 금속으로, 중석이라고도 한다. 비중이 무겁고 단단해서 개인용 배럴을 만들 때 주 재료로 사용한다. 텅스텐 함량이 높을수록 배럴을 가늘게 만들 수 있다. 그러나 함량을 높일수록 강도가 약해져 니켈이나 아연 같은 다른 금속과 혼합하여 만든다.

**테이크백 take back**

다트를 던지는 과정 중 하나로, 목표지점을 겨냥한 상태에서 팔꿈치를 몸쪽으로 당겨 던지는 힘을 얻으려는 과정이다. 스윙하는 순서는 에이밍 → 테이크백 → 릴리스 → 폴로스루

**토너먼트 tournament**

① 다트 대회의 방식. 리그 방식의 라운드 로빈을 거쳐 토너먼트에 올라오면 묶어진 대진표대로 붙어 이기면 계단식으로 올라가고 지면 탈락한다. 경우에 따라 패자 부활전을 두기도 한다.
② 대회 자체를 의미한다. 플레이어 수준에 맞게 디비전을 구분하여 싱글즈와 더블즈 토너먼트가 주로 열린다. 피닉스컵이나 퍼펙트 같은 대규모 토너먼트가 있고, 홈숍 단위에서 개최되는 것은 하우스 토너먼트라고 한다. → 리그

**톤 ton**

다트에서 100점을 톤이라고 한다. 제로원 게임이나 카운트 업 게임에서 100점 이상을 기록하면 '나이스 톤'이라고 응원해준다. → 로 톤 → 하이 톤 → 톤 80

**톤 에이티 ton eighty**

TON 80=100+80. 한 라운드에 다트 세 개를 모두 20트리플에 맞히는 것. 180점을 획득하는데, 1스로에서 할 수 있는 최고 득점이다. = 골든 다트

**트리오즈 trios**

세 사람이 한 조가 되어 겨루는 경기 방식. 공식 경기보다는 패자 부활전 같은 이벤트 경기에서 주로 채용한다. = 트리플즈(triples)

**트리플 triple**

보드의 득점 면으로, 바깥쪽에서 안쪽으로 세 번째 위치한 세그먼트. 숫자의 세 배를 득점한다. 20트리플은 한 발로 올릴 수 있는 가장 높은 60점이다. = 트리플 링

**트리플 링 triple ring**

다트 보트 바깥쪽부터 세 번째 구역. 보드를 중심으로 링 형태이므로 이렇게 부른다. 이곳을 맞히면 해당 숫자의 세 배를 획득한다.

**팁 tip**
소프트 다트의 맨 끝으로 보드의 구멍에 박히는 부분. 소프트 다트 팁은 플라스틱, 스틸 다트의 포인트는 텅스텐이나 니켈 같은 금속으로 만든다. → **포인트**

## V

**버서스 Versus**
1:1 싱글 매치를 할 수 있는 피닉스다트의 온라인 다트 대결 시스템. VS MODE 메뉴에 진입해 1:1 대결이 가능하다.

**버서스 무비 Versus Movie**
온라인에 연결된 피닉스다트 머신에서 듀얼 카메라를 사용해 멀리 떨어진 곳의 플레이어와 대결하는 시스템.

**버서스 랭크 Versus Rank**
피닉스다트 머신에서 버서스 무비(온라인 대결)를 하면 싱글즈의 01 게임이나 크리켓 게임 승패에 따라 포인트를 얻는다. 이 레벨을 수치화한 것이 버서스 랭크. 총 15개 랭크로 구분한다.

**버서스 킹 Versus King**
버서스 랭크 중 가장 높은 15등급. 지속적으로 게임하며 승급 포인트를 쌓아 15등급인 킹에 이를 수 있다. 일반적으로 승급이나 강등에 따라 랭크가 변동하는데, 킹에 도달하면 최고 명예를 인정받아 대결에 따른 랭크 변동이 없다.

**버추얼 다트 Virtual Darts**
피닉스다트의 VS피닉스 S4 다트 머신에서 즐길 수 있는 가상 다트 대결 서비스. 일본 프로선수 5명의 캐릭터를 선택해 플레이어 수준에 맞춰 대결한다. 맞대결도 가능하고 프로 선수와 짝을 이뤄 겨룰 수도 있다.

## W

**와이어링 wiring**
던진 다트가 세그먼트를 구분한 스파이더(웹 또는 레일 또는 와이어)에 맞고 팅겨나가는 것. → **스파이더 = 바운스 아웃**

**화이트 워시 white wash**
더블 인 룰 게임에서, 한쪽이 더블에 넣지를 못해 게임을 시작도 못한 상황에서 상대가 게임을 끝내버리는 것.

**화이트 호스 white horse**
크리켓 게임에서 한 라운드에 던진 세 개의 다트가 각기 다른 크리켓 숫자의 트리플을 맞히는 것.

## Y

**입스 yips**
골프의 퍼팅 순간에 손이나 손목에 경련이 일면서 스트로크를 이어가지 못하고 멈춰버리는 심인성 불안장애. 과녁이 빗나갈 두려움 때문에 다트를 좀처럼 던지지 못하는 증세를 골프에서 빌려와 입스라고 표현한다. 다트에서만 쓰는 '다타이티스'라는 용어가 생겼다. = **다타이티스**

## Z

**제로원 zero one. 01**
가장 대중적인 다트 게임의 종류. 주어진 점수부터 시작해 획득한 점수를 깎아나가다가 마지막에 0점을 먼저 만들면 이긴다. 301, 501, 701, 901, 1101, 1501 게임이 있다. 0점을 만들지 못하고 표시된 점수를 넘는 점수를 맞추면 버스트(bust)로 이전 라운드로 돌아가 다시 던진다. '01 게임'으로도 표기한다. → **버스트** → **크리켓**

## 참고자료

- ⟨게임에서 이긴다! 다트 절대지식 ゲームに勝つ!ダーツ絶対上達⟩, 호시노 미츠마사 감수, 실업지일본
- ⟨뉴 다트 라이프 NEW DARTS LIFE⟩, NEW DARTS LIFE 출판사
- ⟨소프트 다트 바이블 ソフトダーツバイブル⟩, 삼영MOOK
- ⟨이긴다! 다트 최강 테크닉북 勝つ！ダーツ　最強のテクニックBOOK⟩, 무라마츠 하루키 감수, 메이츠출판
- ⟨일등으로 이기는 다트 책 いちばん勝てるダーツの本⟩, 이와나가 미호 감수, 일동서원
- ⟨A Bar Player's Guide to Winning Darts⟩, Fred Everson, Trafford Publishing
- ⟨How to Play Winning Darts⟩, Maus Ralph, Self Publishing
- ⟨Darts. Beginning to End. American Soft-Tip & Steel Tip⟩, George Silberzahn, Xlibris Corp
- ⟨DART TALK⟩, 유춘희 기획, 피닉스다트
- http://www.dartbase.com：The mechanical basics of throwing darts
- https://en.wikipedia.org/wiki/Darts
- http://www.the-site.name/alansdartssite
- https://www.dartslife.net：ダーツ上達のコツ
- http://www.dartslive.com/gooddarts：はじめてのダーツ, ダーツの投げ方
- https://blog.naver.com/phoenixdart
- http://www.s-darts.com：はじめてのダーツ選び
- https://blog.naver.com/jayouloun 자유로운 다트 이야기
- http://dartful.phoenixdart.com：ソフトダーツ教習所
- http://www.matsuge-dartsdiary.com：初心者のための総合情報サイト
- https://darthelp.com/
- https://www.darts501.com：A Brief History of Darts
- http://www.differencebetween.net：Difference Between BDO and PDC


## 사진 출처

- 10페이지　흑백 사진 www.darts501.com
- 11페이지　발굴된 플럼바타 https://auction.catawiki.com
- 11페이지　재현한 플럼바타 https://www.soulofthewarrior.com
- 11페이지　재현한 맨체스터 보드 http://www.thepilcrowpub.com
- 119페이지　BDO 월드 다트 챔피언십 2019 https://www.sportinglife.com
- 119페이지　PDC 월드 다트 챔피언십 2019 https://www.sportinglife.com
- 122페이지　다트라이브 SUPER DARTS https://www.facebook.com/superdarts.dartslive

# 지적생활자를 위한 스포츠 교과서

**FC 바르셀로나 축구 전술
: 공격편**

아타나시오스 테르지스 지음
252면 | 12,000원

**FC 바르셀로나 축구 전술
: 수비편**

아타나시오스 테르지스 지음
156면 | 10,000원

**TI 수영 교과서**

테리 래플린 지음 | 208면
13,800원

**당구 300 교과서**

안드레 에플러 지음 | 352면
15,800원

**맨즈헬스 홈닥터**

조던 D.메출 지음 | 408면
18,000원

**배드민턴 교과서**

오호리 히토시 지음 | 168면
12,000원

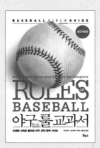

**서핑 교과서**

이승대 지음 | 210면
14,800원

**승마 기술 교과서 1, 2, 3**

페리 우드 외 지음 | 각 80면
각 11,000원

**야구 교과서**

잭 햄플 지음 | 336면
13,800원

**야구 룰 교과서**

댄 포모사 외 지음 | 304면
13,800원

**월드컵 축구 엠블럼 사전**

류청 지음 | 396면
13,800원

**유럽 축구 엠블럼 사전**

류청 지음 | 392면
13,800원

**체스 교과서**

가리 카스파로프 지음 | 97면
12,800원

**축구 전술 필드 가이드**

장 방스보 외 지음 | 184면
9,500원

**큐브**

제리 슬로컴 외 지음 | 140면
13,000원

**클라이밍 교과서**

ROCK & SNOW 편집부 지음
144면 | 13,800원

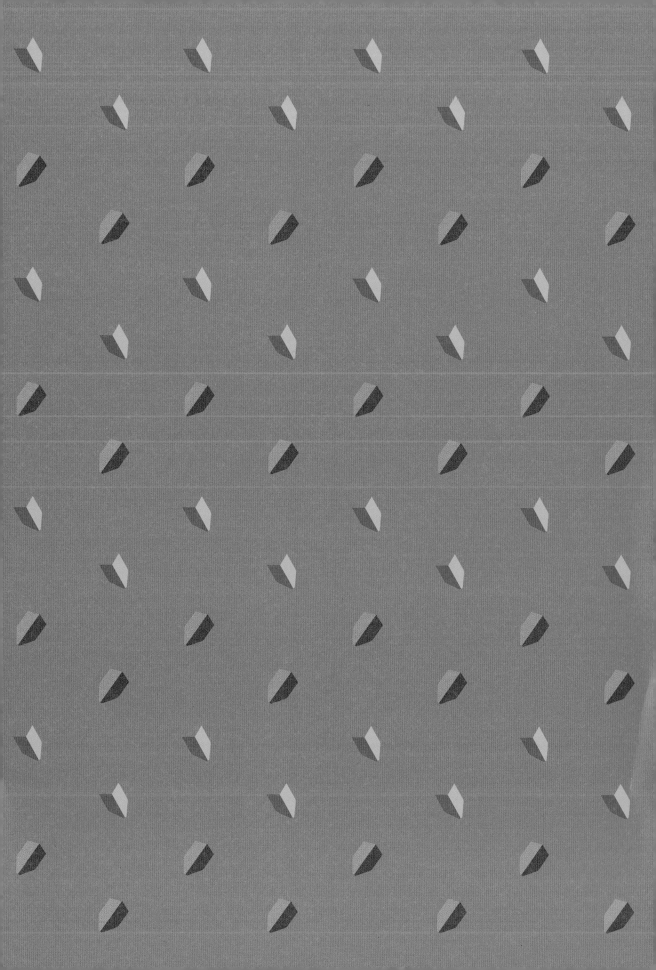

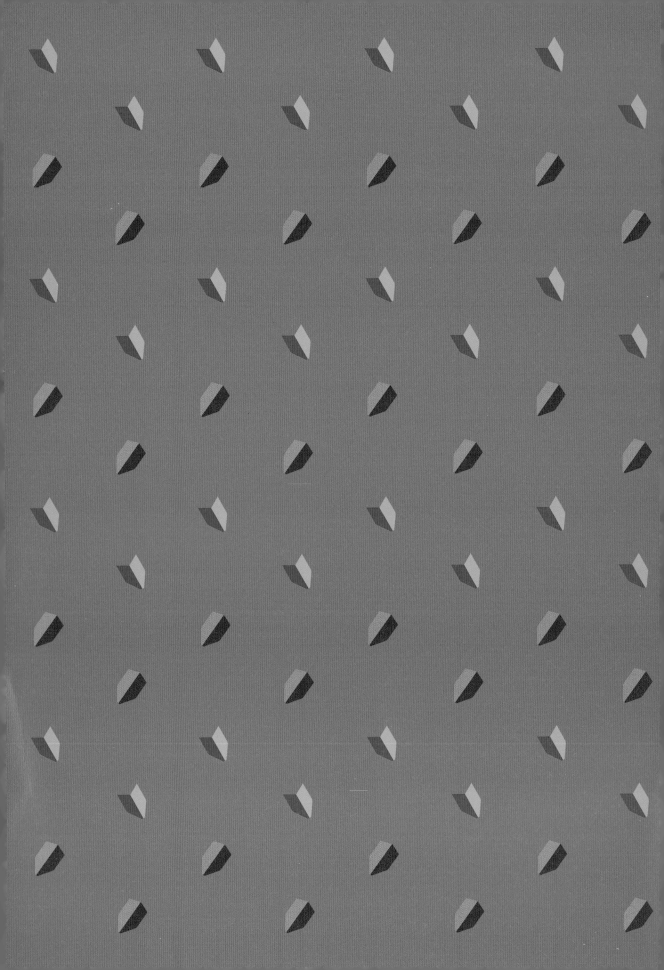